U0626074

91岁 越活越年轻

91歳になれば
生きていくほど若くなる

著 —— 清川妙 [日本]

译 —— 黄钰乔

中国青年出版社

绝美配色，光彩亮眼，设计间点缀一些玩儿心，高尚又不失可爱的衣饰，再加上一顶优雅的帽子。第一次采访，映入我眼帘的清川女士就是这个模样。

指尖擦着指甲油，唇上抹着与服装颜色相搭配的口红。

她的态度总是雍容自若，她的笑容总是生气蓬勃。

不知不觉中，那个她专属的笑容和温柔的说话方式，已经让采访人员的脸上挂满微笑，心情随之飞扬。

不过，清川女士的人生绝非一帆风顺。

不管是三十九岁开始从事写作事业后，或者在那之前，她的人生路上原本就存在着许多试练，接二连三从不间断。虽然遭遇困难，她仍旧在困惑当中自力寻找出路，这样的人生轨迹，激发出她彩绘自己快乐人生的生命力。

至今（二○一二年），超过九十一岁的她仍然处于人生的成长阶段。

持续采访十年来，无论何时，她总是不忘面带笑容，爱人并且被爱，享受生活的每一天。我们希望清川女士的人生观能够为更多人的生命，开启更多的美好。

日文版　编辑部

九十一岁，怀着还年轻的心情活着

　　清川妙在七十三岁时，先生在旅游泡温泉时因为心脏衰竭而过世，半年后她的儿子罹癌过世，同时期自己胃部动了大手术，当你看见照片上九十一岁的她，扶着帽檐，笑眯眯的可爱模样，一定很难想象她当年是怎样走过来的。

　　她确实有段时间很消沉，但是先生曾经说过的一段话，给了她很大的支撑力量。那是某次两人在开玩笑，清川妙问先生："你要是有一天走了，我该怎么办呢？"先生回答说："没问题，你可以的。你会得到许多朋友的帮助，充满活力且开心地迎接百岁！"她把这句话，当成丈夫的遗言——就算最后剩下她一人，她也要开心地活下去。

　　有四件事情，是她热衷的：

　　一、培养写信的习惯。在她的著作里面，不乏教人如何写信，维持人际关系的温度。她甚至以此主题开班授课。

　　二、阅读。本书中会一直出现两本日本古典文学著作：《枕草子》和《徒然草》。这两部作品的思想、文句，深深地影响着她的人生观。而数十年来她维持同一个读书会，这个读书会叫作"群会"，从先生生前一直到现在，定期在她家举办。

三、旅行。她在五十三岁时，因为一次海外出差，深感英文的重要性，开始学英文。然后从六十五岁开始到八十四岁，进行了十五次的一人自助旅行。并且在先生过世之后，她重新找老师，一对一地学习英文，三年的时间，上了四百多堂课。似乎，个人旅行和学英文被她当成同一件事情，双管齐下，我可以想象，当她在英国结交外国友人时，英文能力给她的成就感，是多么振奋她的心情！

四、打扮。看本书照片就知道，她喜欢漂亮。先生在世时，她就常常为了出门演讲去治装，前一天晚上先在镜子前面配好衣服端详自己，连先生也曾经送过她衣服。我有个朋友年纪跟我一样，不过才四十多岁，却说出一段很真实的老年评语："当一个人停止梳理自己，放弃整理他的环境和他自身的容貌，就跟一件器具弹簧突然松了，那这人未来剩余的时间就不长了。"当我看着清川妙用心地装扮时，我真的想了好久，我自己过了五十之后，要准备怎样造型和装扮呢？这是一件很有建设性、值得去经营的事情！

起初我们在取中文版的书名时，有点困扰。原文的意思是《九十一岁还在持续成长中》，甚至有编辑建议《我还在转大人》，我们问了几位熟年优雅女友，她们对于"还在成长中"完全无法被说服，有种"都什么年纪了，还说'成长中'"，可见清川妙对于学习力不受年龄限制的信心，是一般人望尘莫及的。如果用《活到老学到老》这书名，又通俗到令我们自己受不了。最后《越活越年轻》看来是最佳选择。希望你们同我一样因为阅读本书，而感受到自己像春天绽放的花朵一样优雅动人。

| 目录 |

扫码加入熟年优雅·幸福魔法交流圈
分享你或者父母召唤幸福笑容的魔法
有机会成为熟年优雅·幸福魔法的主角

第1章　用心度过每一刻，才有美好的现在

第2章　爱打扮、找快乐、锻炼感受力

爱打扮：妆扮令我神采奕奕，是我心情愉悦的原动力

第3章　培养写信的习惯，抒发内心的情感

第 6 章　不管活到几岁，成长永不止息

用心度过每一刻，
才有美好的现在

在持续从事自己喜欢的活动中，
迎接九十一岁生日

　　清川女士于二〇一二年三月二十日迎接她九十一岁的生日。

　　当然，现在的她也仍然活跃于工作中。一个月间，身为讲师的她必须前往东京都中心的文化中心和古典文学课程授课五次，还要按时交稿给杂志社与报社，进行演讲活动。

　　要工作的那天，她会一个人从自家所在的千叶县市川市乘坐电车，赶往目的地。

　　课程结束后，她会去自己喜欢的餐厅吃饭，有时候也会顺道去银座买件衣服或小饰品。

　　日日心满意足，过着充满生命力又充实的每一天，清川女士没有九十一岁的"老态"。

　　清川女士说："我是没把年龄这种事放在心上啦，不过，到了九十岁的时候，听到这个数字连我自己都吓了一跳呢！

　　"今年我是九十一岁，这个数字虽然听起来颇为震撼的，但我绝对不会被九十一这个数字给打败。

"虽然说我的年纪已经从八字头进位成九字头了，然而那数字的两端之间也不存在明确的界限，因为，八十几岁的昨天和九十几岁的今天是连续下来的啊！"

在她的生活当中年龄从来不是羁绊，唯独有一次例外，她深度思考了年龄这个问题。

清川女士说："我在年龄要从四字头变成五字头的除夕夜里，一边泡澡一边这么想着。明天开始我就要迈入五十关哪！不知为何，'四十几'这个年龄听起来轻快又好听，'五十几'这个年龄却格外沉重，听起来不太悦耳呢……"

有感于"四十几"和"五十几"这两个年龄听进耳中心情大不同，四十九岁的她对年龄的思考又更深更广了。

清川女士："但是，一样是五十多岁，有的人看起来比较老气，有的人却看似年轻。为什么会出现那么大的差别呢？大家总爱把四十多岁和五十多岁分成不同阶段来看待，不过想想，结束四十多岁的今天和开始五十多岁的明天，不就只差那些微的一秒嘛！如果差别只有那么一点点，我只消把昨天和今天的差距尽可能地缩短，将那差距缩短成如纸片般的轻薄即可。

也许是因为深藏我心的《徒然草》里的这句话语，那样的思考才得以萌芽。”

刹那的确悄无声息，
如果无法在流逝的光阴中意识出
上个瞬间与下个瞬间，
不久，大限将至。

清川女士："虽然我们并没有意识到，但是人生就是借由推动时间最小的单位，意即所谓的'刹那'累积而成的。每个刹那不停地延续下去，可是谁也无法保证它永不间断。而人生在一瞬间中结束这句话，形容的正是这样的状况。

人生最重要的是每天每分每秒，只有珍惜每天每个时间才能活出不同人生。自从那个告别了我的四十多岁的除夕夜，又已经过了四十多年。但是至今，我的想法仍然没有改变。"

清川女士一贯温和的表情和轻柔的语调。直至
现今九十一岁，她的内心仍然保持少女时期的
浪漫纯真。她说："我平常从不在乎自己几岁，
但是最近的我，想要珍惜每个日出日落的想法
变得更加确切了。"

大声宣告："我要成为写文章的人！"
——我的孩提时代

八十六岁的时候，在一个以"如何规划五十几岁以后的人生设计图"为主题的采访中，清川女士这么回答："我想，我的人生采用的是'柔软式设计图'喔！对于喜欢的事情会决定得很确切，若非如此，便交由生命自己去发展。

"嗯……所谓喜欢做的事情，到底是什么呢？结婚时，我就想当个拥有自己书桌的太太。我的愿望是，希望能够坐在自己的书桌前过着读读书、写写字的日子，而现在，我正从事坐在书桌前的工作。"

一九二一年，清川女士出生于山口县。祖父母与父母亲昵地称她妙妙，是一个在备受疼爱中长大的独生女。

而且，从小她喜爱阅读的倾向就相当明显。

她说："我的语言能力算是早熟。从原本一句话都不会讲，到一岁生日的时候，忽然一切就仿佛理所当然似的开口出声了。

这件事情，总是为父母所津津乐道。我很早就懂得看字了，大概二三岁就开始玩歌牌^{译注}。因为以前的报纸会在汉字旁加注假名读法，我上小学前已经在读报纸的连载小说了。"

清川女士自己家中书柜所陈列的书当然任她翻阅。可是就算去好朋友的家，她居然不和朋友玩，反而读起了朋友家里的书。

她说："上小学前，家里初次买给我一本叫作《幼年俱乐部》的书。那个时候，书本末页写着'记得下个月也要看喔！ㄐ一ˋㄓㄜˇ敬上'我问父亲说：'什么是ㄐ一ˋㄓㄜˇ呢？'父亲告诉我：'就是写文章的人啊！'那个时候，我还说我要当那个记者呢！"

小学四年级的作文课，作文题目是"我的志向"，那时她便写下："我要成为女性文学博士。"清川女士回想说："指导作文的老师也是女性，那个时候老师跟我说，那么妙妙以后就去京都那边的学校吧！"

于是，下关高等女学校毕业后，清川女士升学，前往了山口县看来属京都方向的奈良女子高等师范学校。

译注：歌牌又称歌留多，是训练读字的游戏。大人读字，让孩子们拣取与听到的内容相符的图案。率先以手触牌的人可收下此牌，最后以拥有最多纸牌的人获胜。

这是她和父母以及外祖母的合照。清川女士："对外祖父母而言，我是长孙。大家非常疼爱我。刚出生的时候，我没有呼吸，外祖母怜惜我，想说既然出生也好歹为我净身沐浴，谁知道一入浴我就哇哇大哭了。原来我当时是处于假死状态。"被认为死亡的婴儿居然呼吸了。她说："也因此，我的名字即取自不可思议之意，所谓灵妙的'妙'，奇妙的'妙'。"

小学六年级的她，脸上有着早熟的表情。清川女士："虽然孩提时代的我算喜爱与人亲近，但对某部分而言却也非常害羞内向。"

十几岁接近二十岁的清川女士（前排由左边数第二位）。那时以第一名的成绩毕业于山口县立下关高等女子学校，刚入读奈良女子高等师范学校。与小学六年级的同班同学们围绕着导师合照。

在学生时代，是我与古典文学相遇的起点

记者："所以就读下关高等女子学校时，你在老师的建言下前往奈良女子高等师范学校（现称奈良女子大学）。在学期间你非常努力，双亲也相当支持。入读奈良女子高等师范学校的文科（选修汉文）后，这四年间，你在优良的环境中扎扎实实地下了功夫做学问。"

在奈良，与恩师木枝曾一老师的相遇，带给她与古典文学相伴的人生。

清川女士："从我入学开始，就非常仰慕教导（日本）国文学的木枝曾一老师。或许也可以说，这是我对学问的爱恋。对出身于地方城市的我而言，老师是个全身上下散发着优雅香气的、特别的存在。我从老师身上学到的那些话语，对我的一生有决定性的影响力。

一年级的第一学期，木枝老师夸奖清川女士写的小说型作文说："不落俗套。"（指表现可圈可点，是值得一读的佳作）她说："纸上留下老师端正的钢笔字，老师连写出来的字都非常好看呢！"

课堂中，遇到高难度的俳句，老师不会马上说出答案。

"那这样呢？"清川女士马上将答案一个又一个地说出，对于那样的她，老师总是说："不管你的答案是否正确，你总能迅速且不断地产生新构想。那如海绵般柔软的头脑的确令人赞赏，很好！"

她说："对我而言，没有比这句赞美更让我高兴的了。至今，那句话仍牢牢记在我心深处。"

另外，老师说过："《万叶集》很棒喔！一天就算只读一首也没关系，读读看吧！"也因为这句话，后来我在家中开办了古典文学教室。

清川女士："木枝老师的一手好字也是我非常憧憬的。这七十年来，我一直想着要写出像老师一样的美字。也因如此，不管是原稿还是书信，一笔一画我总是非常用心。"

多年前，她提笔写了信给老师的女儿。

她说："老师的女儿回信告诉我：'这是我父亲的字。我以为这是我父亲的字！'收到这样的回复，我非常高兴。原来，只要下定决心不断用心努力，梦想就会实现哪！"

那个时期，与清川女士相伴一生的古典文学和她所尊敬的恩师，首度进入她的生命。那段在奈良的青春岁月，为她"坐在书桌前的人生"奠定了深厚的基础。

面对上天予我儿的障碍，奋斗过每一天

　　清川女士从奈良的女子高等师范学校毕业以后，便回到故乡山口县，成为母校——下关女子高等女学校的国文教师。但是写作成为职业，还是那之后很久以后的事情。

　　清川女士："我在学校与同样是国文老师的丈夫相遇，我们结婚以后就把工作辞掉了。我是独生女，丈夫又是独生子，因此我们结婚前遭遇了许多困难。"

　　步入家庭不久，上天便先后赐予清川女士一子一女。但是，长男出生后没多久即遭逢意外而失去听觉，造成严重的残疾。

　　那之后，身为一位母亲，开始了她奋斗的每一天。

　　她在儿子的成长过程中花了许多心思，她从不放弃对儿子的言语教育。为了陪伴儿子因"全家只有自己听不到"而悲伤的幼小心灵，她日复一日不断地给予鼓励。为了让儿子接受最好的教育，决定一家远从故乡山口县，移住到千叶县。

　　清川女士："养育耳朵听不见的儿子，变成支持我生命的动力。从孩子身上，我学会了坚持，就算只有前进一小

步，持续坚持下去也会成功。"

在因缘际会下，朝日新闻报道了这对母子奋斗的勇姿。

于是，主妇之友出版社的编辑看到这篇报道，找上了当时三十六岁的清川女士。清川女士："编辑对我说：'有没有兴趣写一些关于养育孩子的手札，刊登在我们杂志上呢？'工作内容是，请我在仅仅一个多礼拜的时间内交出六十页每页四百字的原稿纸张。

想都不想，我马上回答：'好！'我想，那一定是我内心深处，一直有着强烈的写作欲望的关系。

全家入睡后，我把台灯罩上方巾，以避免光源流泻影响家人睡眠，坐在小小的桌前开始工作。然后，努力地书写。真的是拼了命地写……"

主妇之友的主编读过她呕心沥血的力作《听不见的芦苇》后，不知不觉中流露出这么一段内心话："这个人的文笔够她写一辈子啊……"

清川女士："接下撰稿工作以前，我是有创作一些短歌。但是，当初真的没想到我会走上写作之路。不过，自从听到主编说的话之后，我慢慢地也开始觉得，说不定我真的有能力从事写作工作呢！"

三十九岁开始从事写作工作，成为杂志作家

　　自写手札的三年后，清川女士主动联络主妇之友的编辑，明白地表达出"想要从事写作工作"的意愿。于是，清川女士就展开了她杂志作家的时代。那个时候，她三十九岁。

　　清川女士："刚开始我的稿费很低，而且被要求重写也是家常便饭。

　　曾经有过一段这样的往事。我向出版社提交原稿，编辑也说我的稿没有问题，工作完成心情轻松的我买了蛋糕回家，正想说要和家人一起分享的时候，电话居然响了。"

　　"我希望你能将原稿再重写一次。"电话那头，传来了主编的声音。

　　清川女士笑着说："不知道是不是我沮丧的表情实在太让我丈夫看不下去，他说：'那就不要再写了吧！况且你又不是大学毕业的。'听他这么说，我迅速回答：'不要，我还要继续写下去！'"

　　她接着说："不管多么辛苦我都没有想过要停笔，由此可见我对写作的喜爱程度。原稿完成后的成就感是什么都

二十二岁左右。清川女士从奈良女子高等师范学校毕业以后，与在下关第一次执教的学生们合照。她和学生们的年龄也只差六岁而已。

刚上任教职的时候。一身笔挺的西装外套和梳妆整齐的头发。清川女士："这是在洋服店请师傅量身订制的毛呢西装。"

二十岁。奈良女子高等师范学校四年级。清川女士："因为第二次世界大战开打的关系，我从一般的三月毕业提早为十二月毕业。毕业后回到母校的下关高等女学校就职，担任国文老师。"

无法取代的。因此，不管如何，我从来没有丝毫怠慢过，一直以来，我总是在严格的自我检视当中，将原稿纸一格一格填满。"

提笔不是想要获利，写作单纯是为了兴趣。不久后，只因"喜欢"而一路写过来的清川女士邀稿不断，她成了一位受欢迎的作家。

五十几岁的时候，持续好几年，清川女士隔月都要为少年小说杂志的刊头撰写两百页的小说，过着忙碌的日子。五十三岁时，她为了女性杂志的采访工作，第一次出国前往法国。

丈夫温柔地支持着在工作上全力以赴的妻子，女儿也一同协助处理家务事。

写作的同时，还开办了由几位主妇展开的古典文学教室，接着演讲会等工作也跟着忙碌起来。

清川女士微笑着说："没过多久，从教师的岗位退休的丈夫这么告诉我：'虽然我不是很喜欢做家事啦，但是如果我喜欢的人需要帮忙，我一定会义不容辞的。'他为我分担了烧菜和洗衣等家务事。丈夫还说什么：'我是无酬的秘书'，而且'无酬'那两个字，又说得特别大声呢！

我想，大概是因为我丈夫也热爱写作及读书，所以他才更能体会我的工作吧！我们是一对相思相爱，能够相互理解、心灵相通的夫妻。"

支持我走过暴风雨时期的，是"写作"

那样亲爱的丈夫，突然撒手人寰。

在清川女士七十三岁那年的秋天，她的丈夫在旅行中因心脏衰竭而去世了。

半年后发现儿子罹患胰脏癌，清川女士自己也被医师诊断得了早期胃癌。过年后三月接受手术，胃部被切除了三分之二。一个月后，儿子四十九年的生命迎向终点。

眼前的清川女士，总是有着满面温柔的笑容和一脸温和的表情。其实，现在的她是渡过重重难关来的。

果然，还是靠着写文章的力量，她才能挨过所谓的"暴风雨时期"。

回想过去，清川女士如此说道："多亏了月历上满满的交稿期限，我才勉强能将悲伤赶出脑袋，专心在书桌前写作。写作，是支持我走过暴风雨时期的力量。"

清川女士深感，遭遇深爱的人的死亡之后，这些想法越来越强烈，她说："一直以来，我以为我能够理解人总有一天会死。但是，直到面对家人的死亡，我才真正领悟到。人，虽然不知道哪一天会走到生命的尽头。但是，我们拥有现在是谁也无法否认的事实。

于是，所有的当下连续构成日月，连成人生。这么说来，我必须尽心竭力地活在当下的每一刻。

甚至，随着岁月增长，我的日子变得更加充实。也许我可以活到一百岁，或者只能活到九十二岁，谁也不知道。可是我知道我一天一天的分量越来越重，意义越来越大。"

在执教的学校与教国文
的丈夫相遇、结婚。婚
后生下长男一史和长女
茉莉子，他们是年纪仅
相差一岁的兄妹。这是
他们在故乡山口县的生
活照。

这是离开山口县后，在千叶
县市川市的新家照的。是难
得一家齐聚的珍贵照片。

清川女士和长男一史的亲子照。为了让耳朵听不见的长男一史学习言语，全家同心协力。清川女士的表情非常柔和。她说："我身上穿的毛衣是特别请人为我编织的。灰色和白色的底布上散落着粉红花瓣。不管是以前还是现在，我喜欢的颜色都没有变哟！"

在山口县的三宫之森所照。清川女士和长女茉莉子。茉莉子的头发上，用发夹饰着莲花。

四十岁。欲提笔写作的想法越来越强烈，进而展开作家生涯的清川女士。

五十几岁。清川女士："从刚开始只有为四个学生而开办的《万叶集》读书会，变成这么多人。"

八十几岁。除了手边执笔的稿件，还有古典文学讲座、随笔教室、写信教室等，过着忙碌的每一天。这是在随笔教室的学生的家里办派对时所照的纪念照。清川女士："因为有工作寄托，才让我得以克服丈夫和儿子离我而去的悲伤，渡过暴风雨时期的种种困难。很高兴我有工作。"

"兼好先生"教导我丰富心灵过生活

文／清川妙

"兼好先生"是我的"老朋友",我们的友谊居然已经有七十五年[译注]之久。

七十五年前,当时还是十五岁的我是山口县立下关高等女学校的三年级学生。我是一位热切盼望能够考进奈良女子高等师范学校的文科的考生。有一天,我翻开桌上的《国文解释法》(作者:冢本哲三),那是一本当时非常著名的升学考参考书,而我一个人挑灯夜战。然后,我读到了那本书的某一页上,出自《徒然草》里兼好先生的一席话语。

> 独一人,夜灯下开卷,
>
> 　未曾谋面之古人似成友人,此乃抚慰人心之事。

一人独自在夜灯下打开书本,把古代的人当作朋友,

译注:以清川女士撰稿时的二〇一一年为基准计算年数。

令人心灵倍感温暖。不知为何，当我读到这句话时，这句话瞬间得到我的共鸣。

嗯，原来如此。所谓读书，就是和作者交心，做朋友。要是如此，我就和兼好先生交个朋友吧！不对，当兼好先生的朋友是不是显得我太看得起自己了？那么，请他当我如朋友般那样亲近的老师啰！然后，倾听他所说的话，试着站在他的立场去了解他的心理状态。于是，我的心灵世界打开了一扇新的窗。把话说得夸张一点，我觉得我好像领悟到读书的真谛。

为什么说兼好先生是我杰出的老师兼好交情的朋友，其理由之一在于，当他向我说明事情时，他总是能具体地在我的脑海中描绘出图像。举登莲法师的故事为例。在倾盆大雨当中，登莲法师为了解决心中抱持的疑惑，借了蓑衣和斗笠立即往外飞奔，一刻也不能等待。兼好先生"立即行动"的教诲，生动成为落在登莲法师脸颊上的雨滴，闪闪发亮，那画面深深地烙印在我的眼里心中。

对于我非得拖延时间才要动手这种温吞的态度，以及总是将重要的事情往后延的我，他警告："衰老有如车轮疾滚下坡。"于是我便看到，从斜坡上咕噜疾速滚下的画面。他将老化的可怕影像化，呈现给我看。

兼好先生举事例解释的手法也特别高明。为了要告诉我们："无论是多么小的事情，都需要领导者。不可主观，也不可以独断喔！"他举住处附近仁和寺的和尚的失败经验为例。那个粗心大意的和尚，打算去石清水八幡宫参拜，没有人带领，也不读导览，自己单独一人行事最后只去了末寺^{译注}，根本没去最重要的八幡宫。兼好先生举的例子非常有趣，所以，引发我进一步思考，觉得人哪，果然还是需要领导者在前，不管是人生观还是什么，一切皆是如此。

兼好先生最费尽心思对我提倡的思想是，我们无法预知死亡何时降临，所以，珍惜活着的时间吧！不管对几岁的人来说，这个道里都能适用，这是可以对世间所有人说的话。有人年纪轻轻就离世，也有人年纪大了比父母亲早逝，兼好先生说："死期不会等到准备好的那天才到来。"也就是说，死亡不是按照年纪来报到的。听到这句话，失去儿子的我泪流不止。

兼好先生不断地重复，甚至到有些神经质的地步，就是为了告诉我们：千万要珍惜光阴。

译注：指别院，相对于本寺，附属于本寺的寺院。

刹那的确悄无声息，
如果无法在流逝的光阴中意识出
上个瞬间与下个瞬间，
不久，大限将至。

　　这句话切身到一种令人难过至极的地步。所谓一刹那
这个时间单位，短得令人来不及意识，但若持续往前推进
所有的刹那，死期将马上到来。

　　持续推动时间这个说法是非常影像化的，用不同的方
式推动时间，也确实会在人生的充实度上产生差异。

　　世事无常，也许上天会降临超乎想象的灾难在人们身
上。兼好先生告诉我们，认清吧！人生本是虚幻而短暂、
漂流且不定的。二〇一一年日本东北地方的大地震和大海
啸，即印证了兼好先生之所言。

　　兼好先生一再重复地告诫着。正因如此，活着，是什
么都无法取代和无比珍贵的一件事情。

　　　人哪……与其憎惧死后，不如珍爱在世的时光。
　　　应该要能够感受活着的喜悦，享受过日子的
乐趣才是。

人要厌恶死亡，倒不如去热爱生命。让我们细细品尝所谓活着的这种真实喜悦，享受生活的乐趣吧！

　　两行原文当中，厌恶这种负面的词语只有一句，热爱喜悦和享受这类正面的词语倒有三句。话语中，我能充分感受到兼好先生由衷热爱、喜悦且享受生命的真切心情。

　　人生只有一回。人生的旅途没有回程。自己一个人，是独一无二的生命个体。

　　确认好自己这辈子最想要的生活形态，然后义无反顾地朝着目标前进，充实过人生。我深深地觉得，很高兴这七十五年来，我能让兼好先生成为我人生的导师兼益友。

第 2 章

爱打扮、找快乐、

锻炼感受力

真实反映自我的装扮让我怡然自得

清川女士总是挂着充满魅力的笑容，全身上下散发出柔和气息，她的时尚充分透露出一种清川式美感。

清川女士："出门的前一个夜晚，我一定会实际试穿明天要穿的服装。从装饰品、帽子到鞋子，对着镜子审视全身的搭配。"

就像第一次约会的少女，清川女士会花时间选衣服，找饰品，确认镜子里自己的模样，直到她觉得"OK！"这样没有问题。这种纤细的感受性和坚持，令人敬佩。

清川女士："我觉得，若因为年纪大了，开始觉得打扮没有用，这个想法一旦萌生，人生的乐趣似乎也就减半了。装扮令我神采奕奕，是愉悦我心情的原动力。"

清川女士说："希望我的装扮能够帮助我的心灵真实面

对自我。"

她说："我喜欢面对真实自我的自己。我希望自己永远都能够保持这样的简单不扭捏，我也希望我四周的朋友同样有一颗简单自然的心。就连身上的衣服，我也想挑选能够真实反映自我的，希望穿上令我感觉适得其所的服装。"

所谓符合自己的风格且令心情坦然舒适的服装，颜色上，指的就是带一点灰的粉红，或者紫红色。那甜甜的、静静的色调与清川女士的身心相互融合，温柔地包覆着她。

清川女士笑道："不过，老是穿着同一种色调，似乎变得好像自己的保护色，觉得自己黯淡无光。虽然穿上自己喜欢的颜色让我安心，但有时候我会让自己去冒险一下。考虑自己的年纪注定一年比一年增长，我决定将一些能够帮助摆脱暗沉，令人焕然一新的颜色放到身上，利用色彩让自己看起来精神抖擞，眼神明亮。"

黑白基调的穿搭，鲜艳地映衬出玫瑰颜色。外套下穿的薄针织衫，买来以后那天是第一次穿。口红搭配全身色调，再加上她和悦开朗的神情，看起来精神饱满。

清川女士说："鲜艳的玫瑰红，不是我常用的颜色。蓝底花朵样式的内搭上衣，也是难得上身的颜色。但是，因为穿起来非常上相，所以，以后我要多多挑战这类颜色。

这天的装扮重点是"正式服装"。清川女士:"我非常喜爱这顶帽子,因为这顶帽子和什么衣服都搭。"黑白基调内搭亮玫瑰红的针织衣,十分抢眼。

针织罩衫披针织衣,简单自然的装扮。清川女士:"粉红色的罩衫是我最爱的衣服之一。虽然这件花朵图案不是我常穿的色系,但是因为这个颜色非常上相,所以我选穿这件。"

清川女士穿着休闲长裤和长版上衣，一身轻松的旅行风。她说："这是七十三岁的时候，和孙子及儿媳一起去英国旅行时拍的照片。"

八十五岁左右。散步途中，在公园照的。清川女士："我身上穿的羊毛罩衫是在英国买的。这种紫色，是我喜欢的颜色之一。"

当然，我也会继续使用以前熟悉的色彩，而且是以全新的心情来穿搭。"

以前，清川女士去神户的时候，在一间西洋服饰店逛街购物，当时还被三十几岁的女店员夸奖："您穿着的衣饰是上等质料呢！"她回答："谢谢！这可是我很久以前买的旧衣服喔！"于是，那个女店员回道："真的啊！不论是多久以前买的衣服，我都把那件衣服当作是刚开封的，抱着新鲜的心情来穿。"

清川女士："我非常赞成女店员所提到的那种心态。打扮一定要由心开始。只要心里觉得衣服是新的，即使是旧衣也可以穿出新花样。反之，如果心态老气萎靡，不管身上穿戴多么新颖的衣饰，也不能让我们发光发亮。要打扮，'新鲜的心情'也是不可或缺的呢！"

戴帽子或指甲彩绘，让打扮更具整体的美感

想到清川女士，不能不提到属于她正字标记之一的帽子。

不管是旅行时的照片，还是与本人会面，她优雅的帽子装扮总会抓住众人目光。

清川女士："以前，因为戴了帽子会让圆圆的脸庞现形，总觉得不太喜欢。后来，因为旅行的关系开始喜欢戴帽子，习惯戴帽子之后慢慢了解适合自己的帽形。戴上帽子，就算是千篇一律的服装也能给人新感受，搭配帽子的好处是能够提升整体感。现在，要是没戴帽子就出门，还会被人家问：'今天没戴帽子啊？'"

而帽子，也能制造与陌生人彼此之间交换微笑的机缘。

清川女士："一个人在英国旅行的时候，不认识的人常常对我说：'I love your hat（我喜欢你的帽子）.'

然后，那个时候我就会回答：'谢谢！我自己也很喜欢这顶帽子。'我在日本国内也有过这样的经验喔！日本人不太夸奖人，但关于帽子这个话题倒是常常有人会对我说起。

比如说，我曾经被一起搭乘电梯的女士夸奖过：'您的帽子真漂亮。'这个对话，让现场的气氛变得更加融洽，打扮也是一种沟通的手段呢！"

另外，虽然没有帽子那么明显，美丽的指甲彩绘也是清川女士个人的正字标记之一。她的指尖总是点缀着浅浅的樱花粉红。

她从四十岁左右开始擦指甲油。那个时候，她刚从高中老师转职成为个人工作室的作家。那天，她一如往常地

因为旅行的关系开始戴帽子，现在连平常的装扮都可以让帽子派上用场。清川女士："不知道是不是帽子包覆头部的缘故，戴了帽子心神格外安稳。"

清川女士最喜欢的帽子是在银座的帽子专卖店 VOGUE 买的。"我当这家店的老主顾，已经当了二十多年了。经过多方尝试后，发现水平帽顶以及大约这样的帽檐宽幅是最适合我的，所以，我大概都买这般的帽形。"

清川女士："旅行时，我会尽量少带衣服，多带一些丝巾或饰品，享受变装的乐趣。丝巾不占空间，又能改变服装整体造型，真的很方便。"

家中的丝巾专用抽屉里，收藏着各式各色的漂亮丝巾。不要说穿戴，光是欣赏这些丝巾就够让人开心的了。清川女士："也有一些是我在旅行途中买的。"

把自己关在出版社的办公室，赶较急的稿件。忽然，她的视线停留在自己白色的、鲜少上色的指甲上。

念头一上来，清川女士向在附近工作，专门评论时尚方面的资深作家Y提问："有擦指甲油和没擦指甲油的手，你比较喜欢哪一个呢？"

对方回答："当然是有擦指甲油的手啰！"

清川女士："那句'当然'在我的耳边回荡不已。我发现擦了指甲油，代表装扮顾及指尖，是具有整体性的美感。显示出珍惜每个日子，蓬勃有生命力的态度。那之后，我就开始擦指甲油了。要是忘了上指甲油就外出，就会觉得自己活得漫不经心。"

打扮的样貌会反映出人生经验与价值观

买衣服、帽子和饰品的时候，清川女士可是毫不犹豫的。一旦有所考虑，就暂时不会购买。清川女士："我买东西大概都是一见钟情派的。就连我的人生，也是一见钟情派的。我第一眼看到我丈夫，也是马上就想和他结婚。虽然大家都笑我，但可不能瞧不起一见钟情的力量喔！当脑中灵光一现'就是他！'由于这个直觉来自于各种经验和思考的累积，导出正确答案的概率也很高。"

举例来说，我有一条一见钟情的项链。是五年前，我在银座的商店里面看到的。第一眼，那条项链就给我一种不可思议的怀旧感受，于是，我马上买了它。同时也一边猜想，这种怀念的感受，到底是打哪里来的呢？……

然后，两年之后的春天，在学生时代还有毕业以后拜访过无数次的奈良兴福寺，那个疑惑解开了。

清川女士："再度和许久未见的我最喜欢的阿修罗像相见，'啊！'我忍不住出声叫了出来。他的首饰和我在银座一见钟情买的项链非常相像。原来，那个令人怀念的感觉，秘密来自于此。无缘由地爱上而买下的项链，其背后隐藏着和我青春往日的回忆的共通点。"

因为发掘了项链的意义，这条项链成为独一无二的宝贝。清川女士的饰品类，大多不是镶满了宝石的值钱货。但是，其实每一个饰品当中，都深藏着这般令人难以忘怀的故事。

清川女士："不论是谁，在挑选衣服或配件时，都在无意识中反射出自己的经验和价值观。也许，打扮所呈现出来的样貌，是日复一日累积出来的人生精华。"

配件也有为打扮画龙点睛的效果。我在银座发现这个项链，感受到项链所散发出一种令人怀念的气氛而买下它。之后，才发现原来那股熟悉感，是因为项链的设计类似阿修罗像上的首饰。清川女士："泪滴形状的圆珠等等，都和阿修罗像上的非常相像。一条一条买，最后我总共买了三条。有时候也会将两条项链混戴。"

这些都是她在旅行时买的胸针。清川女士："帽子形状的胸针是在波士顿买的，另外一个胸针是在英国的爱丁堡一见钟情买下的。购买这两个胸针的时候，和店员心灵相通的交谈，让我对这两个胸针的喜爱又加倍了。这两个胸针的故事也有写在随笔之中。"

清川女士把喜欢的饰品都珍藏在箱子里。因为，每一条都有购买时的回忆。

她的手指上戴着细致的戒指，指甲彩绘也不可或缺。清川女士："由于从事撰稿这种会用到手的工作，我特别重视手指的美感。而且，进行古典文学讲座的时候，我一边讲课也会配合手势，所以指甲好像是比较引人注目的部分。"

"好事成了双" 文中的双倍喜悦

　　清川女士本来就非常喜爱古典文学中的语句，尤其对于以下《枕草子》中的句子更是中意。

　　好事成了双，不仅被人家赞美是一件值得开心的事，而且，我还是你喜欢的人之一这件事也让我欢喜。^{译注}

　　清川女士说："这段对话的背景是，和清少纳言关系亲近的源经房来到她面前，对她说：'藤原行成非常欣赏你喔！我喜欢的人被赞美，我也很高兴。'对于源经房的这番话，清少纳言是如此回应的：'对呀！这两件事情都让我开心，承蒙行成大人夸奖是好事其中之一，再加上，我有荣幸成为您喜欢的对象之一，更是好事第二桩。让我开心的，就是这两件事情。'发生一件开心事时，能够在当中再发现值得欢喜的地方，喜悦便成了双倍。清少纳言总是想着如何找出光明面，是一个具有乐观心态的女性，我最喜欢她那种思考方式了。"

有一次，学生在下课后，送给清川女士一个非常小巧的木制猫咪摆饰。随着小猫附上的信里这么写着："这只小猫，是我先生去买起司蛋糕的时候，心里想着要给老师而买的。好像是因为我时常讲起老师的事情，所以我先生记得牢牢的吧！我现在才知道，我先生如此将我说过的话放在心上。"

清川女士："对我而言，这件事真有如《枕草子》'好事成了双'一文的翻版。

我学生的先生记得我对猫咪的喜爱，我学生对她先生的一番心意感到非常高兴，这两件事都是让人开心的好事。另外，收到这个可爱的小猫咪更是'好事成了仨'呢！在日常生活当中花点工夫发现小小的开心事，更让人生增添乐趣。"

译注：此句取自清少纳言和男性好友源经房的对谈。源经房告诉清少纳言说天皇的秘书长藤原行成赞美她，接着借此示好说自己喜欢的人被称赞，所以很高兴。于是，清少纳言以好事成双来回应话题。

清川女士拜托擅长做裁缝的儿媳
妇，做一个像梦一般美丽的手提
袋，结果，儿媳真给她做了一个梦
想中的袋子。手提袋上拼有清川女
士最喜欢的粉红系的各种色彩变
化，美得如梦似幻。

学生的先生特别为了清川女士挑选，赠送
了这个小猫摆饰。这个不过手掌般大小的
小小猫儿，就放在清川女士工作桌对面的
摆架上，她每天欣赏着这个小玩意儿。

因为喜欢上面的猫咪插画而开始使用的记事本。小小的空栏里，记满了每日身边发生的小事情和心情，让她爱不释手。

来自女儿和孙子的卡片，装饰在客厅和厨房间的玻璃门窗上。忙碌的一天之中，只要看到这些卡片，再读一遍内容，内心马上又温暖了起来。

与其厌憎死亡，不如享受活着的幸福

还有，吉田兼好《徒然草》里所说的"想象死后而心生厌憎，不如享受活着的幸福"这段话也在清川女士心中留下了深刻的印象。

清川女士："这段话的意思就是说'与其厌憎死亡，倒不如天天享受活着的喜悦比较重要'。十八年前，我在短短的半年间，失去了我的丈夫和儿子。和病魔只奋斗四个月就逝去的儿子在病床上这么说：'原来，早上起床，吃早餐，去上班是多么幸福的一件事情哪！'健康的时候，人们不会感受到生命的可贵。只要一想起我的丈夫和儿子，这段让我心痛的对话便涌上心头。

要找出让人欢喜的好事，然后在感谢生命中活下去。这两句话，让我的人生观有了很大程度的改变。"

将今天发生的好事都记录下来

每天，清川女士会将好玩的事情、开心的事情还有有趣的事情写进日记里。

她说："会具体地把每一天的喜悦写到日记本里去，也是为了作为日后撰稿的题材，但是，这么做的确也是希望能够培养自己细腻感受万物的习惯。我以前没有写日记的习惯，但是，我把好几年前，从女儿那里拿到一个月份的对开月历的记事本当日记写，一天一天被画成一小格一小格，写起来很轻松，我喜欢。"

清川女士的日记记载得非常详细，如果在电视上有喜欢的台词，她会把那句台词和当时的感想也写进去。

她说："如果能具体记载，下回再读到这个部分的时候，会帮助我回想起过去种种，而感到开心或有趣吧！然后，我也很高兴，那个有所感受的自己能够拥有那般细腻的感受性。"

清川女士的日记，有写着她睡得好，醒来精神爽快的内容。用时令的材料创作美味好料那天，她则细细记载着菜单。或者，觉得服装搭配得不错的日子，她会把那天的服装组合，从围巾的颜色、上衣、裙子、靴子到包包都记录下来。有些日子她的日记仅有两三行，也有时候却写到超出来，甚至写到隔天用的格子去。

清川女士："就这样，当我数算一天当中发生的好事情，

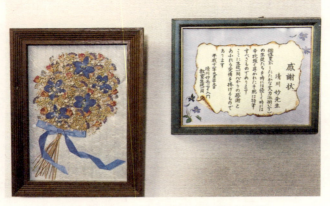

这是由随笔讲座的学生所赠送的感谢状。
从充满睿智的字里行间，感觉得到学生对
老师深厚的情感。清川女士："能被如此
夸奖，我由衷地感到幸福。"

清川女士："选择明信片的时候，透过明
信片的样式选择，我们的心意也会传达出
来。"清川女士的学生选了在课堂上所提
过的花朵图样的明信片给她，她也同样以
用花朵图样的明信片回复。

早上一睁开眼睛，首先就会想起《徒然草》里所记"原本今日欲办该事"那句话。意指，今天打算把心里想做的事情完成。清川女士："我希望自己能把这句话放在心上，慎重地过每一天。"

这些是附上清川女士画像的信纸和原创明信片。有项链和没项链的两种版本，可以感觉到学生细心的关怀。图中清川女士的表情也很动人。

把这些都记录下来之后，就发现原来值得开心的事情有这么多。我认为，留下并且数算好事情的做法，不只有让我懂得去感觉生活中的喜悦，还可以提高我的幸福感受力的敏锐度。"

真诚的礼物，
会让收礼、送礼的人满心欢喜

清川女士说："寄信或送礼，不可光在意形式，要能够传达自己心意才是真正丰富的大礼。"

还说，她从听讲的学生、女儿、媳妇和孙子那里，也收到了许多那样真心诚意的信件及礼物。

清川女士："收下那只'好事成了双'的猫咪摆饰的时候亦是如此，收到真心诚意的信件或礼物，总是让我欣喜若狂。

某课程的学生用非常柔美的色调画了我的肖像，附在信中送给了我。而且，还把那个肖像印出来做成原创明信片。看到学生把我的样子画得如此年轻又亮丽，我也觉得好像从中得到了许多活力而变得更加开心愉快。还有些人，常常会送给我自己手工制作明信片。那些明信片品位一流，理所当然会是世界上独一无二的，而学生对我那深入细节的用心，更让我感动不已。"

对于有心的信件或礼物，清川女士会充分地回信或还礼，回应对方相对的心意。于是，她举《万叶集》中大伴家持的歌来加以说明。

此生吾未见　令人结舌般　如是特殊的缝袋译注1

清川女士说："这首歌，是大伴家持当作谢礼做给堂妹译注2，同时也是恋人，之后娶为妻子的大伴坂上大娘的。内容是说：'这辈子活到现在，我还没有见识过。不知道该如何，才能形容这个袋子缝得有多巧夺天工。'大娘送给家持的袋子，一定非常精致。对此，家持传达喜悦心情的模样是多么率真。

每当回礼，或者写谢函的时候，我的脑海中总是出现这首歌。然后，我就会像家持一样，对于所收到的礼物用

译注1：此袋应该是下一首歌中所提到，坂上大娘和着衣服一道送给大伴家持的。

译注2：大伴家持的妻子大伴坂上大娘，是他父亲的二弟的大女儿。

这些都是清川女士所收集，各种与猫咪相关的小东西。

这张来自神户"永田良介商店"的椅子是清川女士的最爱。她说："这是我在完成长篇小说《大和抚子的椅子》的时候为了犒赏自己，买给自己的。"

不知不觉中，清川女士喜欢的马克杯也成了她的收藏之一。

趁撰稿的小空当，泡一壶喜欢的茶，在厨房小小的餐桌上享受下午茶。厨房墙壁上的蓝色瓷砖是英国制的。清川女士："以前，我常去银座的视听室，一楼有间卖瓷砖的店，我看中意所以买下了。"

住在冲绳的外孙女亲手做的一对风狮爷。我将它摆在二楼向外突出的窗台作装饰。

尽心力心怀感恩，用自己的语言来致谢。送人东西的时候，要真心诚意，而收人家东西的时候，要能够率直地喜悦，并且把那份心情确实地传达给对方。那一来一往之间让彼此的心性更臻圆熟。"

清川女士在书房里的英国制的古董大书桌上面工作。一起住的猫咪"阿伯"负责监督她工作。她也非常享受和猫咪对话的乐趣。此外，另一只名叫莉莉子的可爱猫咪也同住。这张书桌是丈夫去世、意气消沉时，因为下定决心要自己专心投入工作而购买的。

让作文进步，书写乐趣倍增的实践方法

1. 首先最重要的是，养成书写习惯

一旦决定"我要写作！"第一，先从准备适合写作的环境开始着手。

清川女士说："为了酝酿写作的心情，首先把道具准备齐全吧！自己喜欢的记事本或者便条，什么都可以。我也非常推荐去买一本漂亮的日记本。一本日记要是空栏太多就很难维持下去，就算是小小的空间，也可以把当天的感动浓缩在短短几行之间。持之以恒，便能训练让自己变得更加懂得欢喜。"

2. 写得不好也没关系，总之先写一行再说

"好想要写些什么"或者"真希望能够写出些什么"光停留在空想的阶段是不行的。就算只有一行也没关系，一定要开始动笔。《徒然草》里也有"提了笔要写字，拿了乐器要弹奏"这么一段文。

意思是说，如果提起了笔，就会想写一些东西，如果拿起乐器，便会想奏乐。总之，最重要的就是开始动笔。

刚开始，就算只能写出小学程度的文章，也不打紧。不要有压力，想说非写出佳作不可。不用想太多，直接把心里所想写的东西写出来就好，

在写作的过程当中，慢慢会厘清思路，情绪也会渐渐培养出来，自然越写越顺。想要写作，首先从习惯写作开始。

3. 只有具体地描述，才能成为吸引人的文章。比如说，放进颜色元素

自己的心里有想写的东西，而想写的东西也被具体写了出来，这才能成为所谓的好文章。

清川女士："如果被什么东西给感动了，不是只有说'漂亮'两个字，而是要写出是怎么个漂亮法，要好好观察，然后要求自己尽量具体描述。"

除此之外，放进色彩元素也是具体的文章表现法之一。

清川女士："以前曾经在书信写法的讲堂上指导，请比较不习惯写作的人'放一些色彩元素进去'。比如说'咖啡店的杯子手提处上的金色，好像满聚了秋天的一切'，或者'山茶花盛开，仿佛收尽了冬日暖阳'之类的叙述。只

不过加上个色彩元素，情景一跃而上，文章立刻变得生动起来。

4. 朗读效果佳，好好地朗读一本喜欢的书

清川女士："文章需要节奏。我自己写稿时也会把文章念过一遍，要是文章念起来感觉得到呼吸般的节奏，那我就安心了。训练节奏感最好的方法，就是看书。但是，找到符合自己兴趣的书也是非常重要的。不管那本书有多么著名，多么畅销，如果自己觉得那本书没有趣，那么，我认为那便是一本没有必要读的书。"

好好地去读那些符合自己兴趣的书。喜欢的句子可以画出来，或者边读边写一些笔记。清川女士："然后请出声念出来。反复读出声音，自然会让你的身体习惯文章节奏，而自己的文章当中，必定会反映出那个对你身心来说最舒畅的节奏。"

5. 心灵跟着身体舞动起来，走出门去发现感动

清川女士说："想要写作，首先要能够心有所感。但是，写作训练不足的人，心灵似乎很难有所感触。"

对于那种人，清川女士建议："稍微散个小步，也好过

待在家里什么都不做，走出房门吧！"

还说："心灵会跟着身体动起来。一听说住家附近的寺庙的山茶花开了，我马上动身前往。而且，那还是我自己去的，没有约朋友喔！大家一起出门，当然很开心。但是，为了将感动深深留在心底，细细回味，一个人是最好的。把感动的心情具体化，写成文章的过程是孤独的。不过，成为一个能够忍耐孤独、享受孤独的人，对增进写作能力来说也是不可或缺的基本条件之一。"

6. 不管用什么方法都不要紧，让作品出去见人

清川女士常常在作文讲堂上提倡"要让自己的作品出去见人"。

她说："出去见人的意思就是，要让别人阅读自己的文章。投稿也好，什么方式都不要紧，我建议一定要对外秀出自己的文章。"

如果文章要公开给别人看，提笔的时候也会更有动力。于是，如果作品被人夸奖或上报章杂志，写作起来精神当然加倍振奋。

《枕草子》的魅力

文／清川妙

从前，在某个文化中心开办随笔入门课程的时候，我都这么对听讲学生说的："学写随笔，要在日常生活中稍作驻足，仔细观察，用爱感受，然后具体地描写出来。若能融入幽默感更好，而高雅的笔风最是极品。"

今天在写关于《枕草子》的魅力这篇文章时，上面的这句话忽然在脑海中浮现。然后，我再度回想，发现那些写随笔的要点，不正是从《枕草子》里面学到的吗？

如此一来，脑中马上就蹦出好几个能够印证确有其事的好例子。让我们一起阅读原文，一边思考看看。

明月夜中渡河川，随着牛车步行，
颗颗透亮好似水晶四落，水花飞溅，煞是美丽。

此为月光明亮的夜里，乘着牛车渡过河川的清少纳言所看到的景象。拉着车过河的牛脚边溅起的水花，仿佛水晶碎落一地般，闪耀且晶亮。

这才是真正能够敏锐抓住日常生活中的，一种瞬间之美。锐利的眼光摄住水滴飞散的一瞬间，用仿佛水晶碎落一地般来形容惟妙惟肖，她的文笔叫人感受极为细致的表现力。

也让我们由同一个观点来看另外一段名文。

> 春天是天将亮的清晨尤佳。
> 四周逐渐变白当中，见接连山边的天空。
> 些微发亮，抹上紫色的云朵，细细绵延天边。

凝视春天日将晓的天空，清少纳言的好眼力丝毫不放过分秒片刻的景色变化。对于在山边渐明的天空中绵延的细云，清少纳言也描写得非常深刻且精彩。清少纳言才不会停留在只说紫色的云这种程度呢！她说那是抹上紫色的云朵。而说到云朵延展的样貌，还指定形状要细长的喔！

> 夏天是夜晚最好。
> 月亮出来的夜晚，固然好得无可挑剔。但没有月亮的夜晚仍旧美好。

萤火虫为数众多，满天乱舞。

就算是下起雨来，也别有一番趣味。

夏日的夜晚不管是挂着一轮满月，还是漆黑一片，或者萤火虫群聚飞舞，一两个隐隐约约的亮光都很美丽。甚至是下雨的夜晚，也叫人爱不释手。清少纳言以欣赏的眼光视世间万物，在享受的过程中作文。真的是擅长喜悦的个中好手啊！

那么，幽默感到哪里去了？望穿秋水终于等到，就让我为您介绍一个格外有趣的段落。

大藏卿听觉之聪敏无人能及。

诚然，即使为飞蚊睫毛掉落之声响，亦必将入其耳。

意思是说，世界上没有比大藏卿的耳朵还灵敏的人唷！就算是蚊子的睫毛掉落的声音，仍旧是躲不过他的耳朵。至于质疑“蚊子哪有睫毛？”这样的人，就是缺乏幽默感啦！

另外，蚊子也在《可恨的东西》一文中登场。

睡意已浓欲卧床入眠时，蚊子乘着微弱的细声前来，徘徊脸边挥之不去。

连它振翅所发出的风势也名副其实，实在可恨。

困意已深打算上床睡觉去，结果蚊子发出微弱的细小声音，在脸旁飞个不停。就连它拍翅膀所发出的声响也大得有模有样，实在是讨人厌的！

在清少纳言的妙笔下，就算是小得无处形容的蚊子，也能变身为令人发噱的生物。特别是"连它振翅所发出的风势也名副其实"这句，描写得更是鲜明。

最后，针对我所提到的"高雅的笔风最是极品"，光挑例子，就够伤人脑筋了。正是因为清少纳言对文字敏锐的感受力过于常人，当然不会有出现粗俗的表现，她精练的文章，总散发出高尚的气息。

在《过往且令人怀想的事物》一篇，我要向您介绍这个有着如诗般的浪漫风情和高雅气质的段落。

过往且令人怀想的事物。

曾经饰于贺茂神社的祭典上，而现今已干枯的葵叶。娃娃玩具。

见到蓝中带紫，淡紫色的薄绢片段夹于书册中压得扁烂，叫人怀念。

或者，雨天无事可做时，整理出当年读来动人心弦的书信，还有去年的蝙蝠扇[译注]。

那些已经过去，但令人无限怀想的事物。发现贺茂祭当天绑在牛车、窗帘还有衣服等东西上，而现在已干枯了的葵叶，让人回想起祭典那天。已经是大人的某天，找到办家家酒的娃娃而怀念起童年幼时情景。看到夹在书册里，带点红色的蓝色，或者稍微偏红的浅紫色的薄绢碎布，那夹在书册里已经如压花般扁平的模样勾起无数回忆。在下雨天等整理东西时，发现收到当时读起来沁人心扉的书信，也是浓浓的怀念。而我想去年夏天的扇子，也收集了关于恋情的满满的回忆。

这些描述甚至让我们看得见颜色和光线、闻得到香味、摸得出触感。也仿佛耳闻细语喃喃、相互倾诉。这个部分对感官的描写极为敏锐。所谓具体的书写，也包含在这个范围内。

译注：蝙蝠扇就是薄片骨架上两面贴纸，扇面画有图或诗文的折扇。

希望您务必朗读一下本文所引用的《枕草子》原文，读后应该可以感受到如行云流水般的畅快节奏。接下来，请从原文当中找出作者清少纳言那些描写感官的佳句。相信您一旦享受过那种乐趣，就会成为心灵富层次的高段读者。

◎拥有细腻的感受力和正面能量，
　成为一个喜乐的人

《枕草子》的话语

对清川女士而言，清少纳言有如她的知心密友。无论
是清少纳言的感受性、审美学、完美的天真性情、幽默或
光明面，她全都喜爱。在此，她从《枕草子》当中拣选四
则名文。

用力张开你的眼，用心看

如此梨花受称赞想必有其道理吧？^{译注}

仔细端详，可见梨花瓣边缘透露出

一丝丝饶富兴味的光彩色泽。

译注：梨花色调平凡，不受世人喜爱。但白居易在《长恨歌》里，以"梨
花一枝带春雨"比喻杨贵妃会见玄宗皇帝御使时的泪容。这样的梨花居然
被用以赞美唐史上的绝世美女，想必有其他树花所不能及之处。

●用心，可以看出美丽

"仔细端详"指的是竭力观察事物。

清川女士："此语出自《树花》一文中。清少纳言品评春天的树木之花，逐一赞赏红梅花、樱花、藤花和橘花之后，如此阐述梨花：'梨花实在是极为无趣的花朵，无人愿亲近，亦无人欲用其饰结书信，甚至以其形容缺乏魅力的女性。但是在中国，梨花居然被诗人视为至高无上的赞美。如果想发现美丽，定睛便似乎可以看到花瓣边缘的粉红色彩浮光暖暖。'

也就是说，如果你想看、抱着自主意识去观察，用心即可以辨出那若有似无中带着微弱光芒的一抹浅红。

用心观察人所不见之处。但并非找缺点，而是用正向思考寻找光明面。

这就是我解读《枕草子》所得到的重要心得。纵使身边的人并非完美，只要'仔细端详'，优点自然浮现。这是多么美好的生活态度啊！"

将你的五感全开，活力每一天

台风过后次日的景象，瞧来趣味横生。

那些格子窗里的落叶，仿佛是被风精心吹进似的，

叫人不敢相信这是狂烈的台风的所作所为。

● **拥有一颗能为微不足道的小小事物开启喜悦之门的心**

清川女士说："《枕草子》细腻的感受力是我最喜爱的部分之一。《枕草子》将你的五感——视觉、听觉、味觉、嗅觉与触觉全面展放开来，闪亮刻画出四季美感。"

其中《台风过后次日》更是名文中的有名段落。

清川女士："其实，我也体验过文中所述'叶片吹进窗格，这儿加一点红那儿添一些绿，每一格每一片仿佛经过风的亲手设计般，不像遭受狂风摧残过后'的经验。在伦敦的时候，我在狂风暴雨的隔天走上街道，见散落的叶片粘贴在走道下方道路尽头处的墙上，有如彩绘艺术。就是因为读过《枕草子》，我才能感受到那无比的美丽与趣味。

只要在心里装上特别的滤网，就可以将人见之亦不觉

的小事小物转换为喜悦和乐趣的开端。每每读到此，心中便想：'原来清少纳言的感性如此丰富啊……'我更希望向她学习彻底运用自己的五观感受万物了。"

于是，清川女士举《可爱的东西》这篇为例，来说明生活中的五感。

不管什么，只要小小的东西都很可爱。

"可爱"，指的是令人爱恋惹人爱怜。这段话中出现了很多关于小小娃儿的描述。

小娃儿剪着一头短齐刘海，任凭刘海遮盖眼界也不拨拂，那歪着头看东西的样子，真是可爱极了。

清川女士："读到'小娃儿剪着一头短齐刘海，任凭刘海遮盖眼界也不拨拂，那歪着头看东西的样子，真是可爱极了。'这段话时，你脑中是否浮起这片景象，仿佛历历在目呢？不论是浮在池上小小的莲叶、雏鸡、雁鸭蛋或琉璃壶，对清少纳言而言，无论多小的东西都有如神造，令她心生爱怜。"

文中不只有眼睛看，还有很多手摸或鼻嗅的画面。如《令人兴奋愉悦者》这篇，当中有这样的一段话。

熏烧上等香氛，独自躺卧。

清川女士："熏烧上等的香氛，一个人在床上或躺或卧，那种优雅又愉悦的心情绝对也是现在的我们能够感同身受的。五感全开、用心感受生活每一天的清少纳言总给我最多的鼓舞。"

用正面思考学会懂得欢喜

"你说，再怎么没用的小事都能抚慰心灵啊！要真是这样，还有谁要赏'姥舍山月'译注呢？"

译注："姥舍山月"是日本的弃老传说。《古今集、杂上》："姥舍山的名月，照不亮我心头的忧思郁念。"定子皇后引和歌词幽默调侃清少纳言的乐天性情。

●懂得欢喜心的清少纳言和善于赞美又充满幽默感的中宫定子

清川女士谦虚地说，精读《枕草子》令她多少学习到一些清少纳言的积极态度，即使是小事也能让她由衷欢喜。

她说："这是我丈夫还在世的时候的事情。当时，我拿到一张触感极佳的高级毛毯，盖着睡觉时还一边喃喃自语：'如入仙境，实在太享受了！'于是我丈夫说：'一张毛毯就可以让你这么享受，真是幸福的人儿哪！'忽然之间我们仿佛穿越古今，重现了中宫皇后和清少纳言的对话，有一种奇妙的感觉。"

再怎么没用的小事都能抚慰心灵。

清川女士："'这么说，你是那种就算鸡毛蒜皮的小事情，也能给你安慰的人啰！'这是天皇的中宫^{译注}定子对清少纳言说的一句话。每每读到这段，总会觉得清少纳言这个人是多么善于欢喜哪！

译注：中宫是平安时代以后皇后的别称。中宫和皇后地位同等，都是天皇的正室，但若立两后，则第一位称为皇后，第二位称作中宫。立第二后彰子之后，定子的称号从原来的中宫变成皇后。

另外，服侍定子的清少纳言在中宫尊前还有这么一说，在'发起怒来心烦气躁，想转身撇头一走了之'的时候，手中只要有纯白的上等纸张就会得到安慰，觉得：'好吧！再活一下下没关系。'铺上高丽缘^{译注}的新地垫，就会感觉：'啊……这个世界果然美妙极了！我觉得活着实在是一件非常有意义的事。"

清川女士告诉我们，听到清少纳言的言语，垂帘后的中宫忍不住说了下面这么一段话："是这样啊！从纸张和坐垫那种小东西中就能获得安慰，清少纳言你真是幸福的人儿呀！事情要是有那么简单，还有谁要去看见姥舍山那一轮令人心伤的明月呢？"

中宫定子这个人个性悲观，连见到洒在姥舍山间的月光，都会联想到悲伤的姥舍传说而心情低落。定子察觉到两人间的个性差异，才对清少纳言这么说。

清川女士："就是因为中宫定子的存在，始能见证清少纳言的才情。中宫定子是说话艺术的能手，相当懂得夸人之道。"

译注：镶于榻榻米边缘的白底织品，上面织绘出黑色的云或花样式的图形。古时用于贵族的住宅或寺庙等身份或位级较高的地方。

好事成了双，不仅被人家赞美是一件值得开心的事，而且，列为你喜欢的人之一这件事也让我欢喜。

●清少纳言是一位能够借由对话取悦他人的好手

在《喜欢的语句》篇中也提到过，《枕草子》中的《好事成了双》的名文好句能够充分证明清少纳言是世间少有的欢喜天才，这也是清川女士非常喜爱的段落篇章。

清川女士："有一天，清少纳言的年轻男朋友，一个叫源经房的人来到她面前，告诉她：'清少纳言小姐，藤原行成非常赞美你喔！'接着说：'意中人受赞赏，为吾甚喜之事。'也就是告诉清少纳言：'喜欢的人被赞美，我也非常高兴。'

于是，清少纳言马上搭腔道：'好事成了双。受人赞赏为一乐事，又，承蒙厚意入意中人之列为第二乐事。'回答源经房：'有两件好事情呢！第一件好事情是被行成大人赞美，另外一件好事情是，我能够成为经房先生喜欢的人。'

每阅文于此，清少纳言讲话的艺术就令人佩服得五体投地。因为这个时候，一般人跳脱不出谦虚的框框，总是回答："哎哟，别这么说。"或者"过奖了，是您不嫌弃。"之类的老调。能够表达出'我好高兴，谢谢！'是非常优秀的回应。一般人连忙否定的时候，清少纳言却把喜悦一分为二。这个人讲话是多么的潇洒又风趣啊！积极且开朗的思想是她最有魅力的地方。"

第 3 章

培养写信的习惯，
抒发内心的情感

无论年纪多大，
写信能够帮助自我成长，砥砺心性

不管是朋友还是认识的人，或者给读者的回信，以及受人恩惠回礼用的谢函，清川女士每天至少都要写上四五封信。

清川女士："写信，不过是一种日常活动。对我来说，就是生活作息中自然而然养成的习惯而已。"

关于写信这件事，清川女士回忆说是在十岁左右开始的。转学的时候，清川女士写谢函给以前的班级导师。

"谢函是我妈妈叫我写的。'人与人之间，离别之后的关系才是最重要的喔！你要写谢函给班级导师。'谢函寄出后，从前的班级导师回信道：'妙妙，来找老师玩儿啊！'我非常开心，结果暑假的时候，就真的一个人旅行，去老师家住了三天三夜，成为我珍贵的回忆。"

清川女士原本就很喜欢书写阅读。有了这次的经验，以后一有机会她便会提笔写信。

清川女士："写信等于是打招呼，是基本的礼貌。人不能孤独，人是活在人与人之间的缘分当中，所以道谢、恭喜等将心意传递给他人的行为有着非常重大的意义。"

写信将人与人之间的缘分系得更紧、拉得更近。

清川女士又说："现在再度回顾过往，发现我在每个人生的关键时刻都写长信喔！二十岁出头的时候，我有一阵子在烦恼，应该和喜欢的人结婚，还是和相亲的对象结婚。最后，我把内心的挣扎写成长长的信寄给意中人。那个时候正是除夕。我还清楚地记得，去邮筒投信当时，美丽的夕阳染遍整个冬日的天空。结果，我写给相亲对象的是长长的道歉文，和喜欢的男性则步往结婚礼堂。"

曾经是专职家庭主妇的清川女士后来进入了文艺界，也是多亏了写信制造的机会。清川女士的手札在刊登《主妇之友》杂志三年后，希望从事写作工作的念头涌上心头，于是将心中的话语全部化为文字写在了信纸上，并寄给了编辑。写作工作就这样开始了。

花时间将自己的心情转换成语言，尽情地把自己的心意传达给对方，唯有透过信纸才能办得到。

并且，绞尽脑汁，彻底发挥五种感官而写出自己风格的信的同时，也可以锻炼自我。

清川女士："因此，我认为累积拥有较多人生经验的一辈，更应该多鼓励他们写信。他们应该能够写出一封封感情丰富的好信。然后，如果不要计较格式，怀抱柔软的态度作文，会让自己今天比昨天、明天比今天更加成熟。无论岁月增长，自我成长没有限制。写信，是帮助我们永葆年轻，带领我们迎接活力人生的法宝啊！"

我希望透过信笺，将喜悦邮寄给对方

所谓写信，是一种日常生活中的习惯。写信的时候，应该特别注意哪些事情呢？

清川女士："因为最近比较忙碌，所以大部分都用明信片或卡片等写个短文再放进信封。不过，我不会因为信短就随意乱写。我会在有限的空白处写上精心挑选的语句，想办法尽量把自己的心意给统统塞进信中，因为如此短信更要用脑，呵呵，这可是脑力激荡喔！

要写出精短又充满诚意的信，需要集中力和爆发力。反过来，也可以说写短信能够训练这些能力。"

出了好多本与写信礼仪相关的书籍，清川女士居然不太在乎书信的写法。

"但是，不可以写伤害对方的话还是最基本的原则。写信，就是要将感谢和祝福的心意赠送给对方。慰问伤病或吊唁祭奠时，也是心里念着，希望对方打起精神重新振作而寄。因此，写信的目的不是要让对方越来越丧气，而是要写出能够鼓舞人心的文章。

如此一来，就算是一封以报告近况为目的的信，信中光写自己的事情也是对对方很失礼的。记得，信中关于对方的事情要分配七成，而大约三成才写自己的事情。"

至于，关于送礼回礼的信件往来，也有两件事情要注意。

首先，送礼时："只寄东西过去是很无礼的，应随礼附一封信。就算临时在百货公司或于旅行途中的特产店，拜托店家邮寄时，也应该当场写个便签随附而上。"

接着，回礼时："如果收到人家的礼物，我会在谢函当中毫无遗漏地列出所有礼品，我会特别注意自己有没有把收到各项礼物时的喜悦具体描述出来。"

用真情的言语写信，
就能将感动传到收件人的心坎里

"这便笺写得多好啊！""想要读了一遍又一遍。"

如果读到一封能够让人有这样感觉的信，清川女士会把它收藏在漂亮的盒子里。一封感动人心的信，是什么样子的呢？

清川女士："永远动人心弦的信，绝对不会像是撷取于范本一般的内容。只有书写着满满真心的温情信函，才是最让人难忘的。"

从前，清川女士在文化中心的随笔讲座中，谈到"怎么样才是一篇好的随笔"。

她说："在日常生活中停住脚步，好好地观察让自己动心的东西，用自己的话语具体地描述出来。如果作品中有幽默感会很不错，若是显得高雅又有品位则更佳。"

这个道理，同样可以应用在感动人心的书信写法上面。

清川女士："如果想将自己心动的信息传递给对方知道，就用像是会从自己嘴巴里讲出来的话最好。我认为，信上可以写：'亲爱的某某某，最近好吗？'以这种打招呼的方式开头，或者突然来句'谢谢你给我的漂亮的围巾。好开心喔！'开门见山切进主题也无妨。使用常套句的确很方便，但不容易将自己的心意传达给对方。

遇到吊唁祭奠的场合，信上常常会用到'节哀顺变'。但是，我丈夫去世的时候，'节哀'的'哀'字常常会令我联想到悲伤，想到那哭丧阴沉的样子，让人无论如何都开

这是清川女士写给作家熊井明子女士的信。明子女士的
丈夫，熊井启导演突然病逝，信在两个礼拜过后寄到明
子女士手上。信中写道："请您将逝去的人放到身上，心
里。""然后把工作作为支持您前行的倚仗。"清川女士
用美丽的文字，写出了萃取于自己人生体验的句子。

写信或明信片不过是日常生活
中的一小部分。清川女士每天
都会写个四五封信。她说："写
信是借由文字呈现的礼物。最
近我比较常用明信片或卡片
写，然后再放进信封里寄出。"

心不起来。

反倒是，具体地介绍故人过去的小故事，'他真是一个令人怀念的好人'这种使人欣慰的话语，或者'接下来的日子，请您继续加油，做好工作！'实际上，这类鼓励的话语也曾经救赎过我。"

只要具体描述动人心弦的事物，接收信息的人也能共同分享喜悦。

清川女士："比如说，旅行途中寄出的信里，不要只提'吃了好吃的东西'，应该要具体描写出菜单名称或好吃的程度，读信人的想象空间更大，让人感觉身临其境，仿佛在一起品尝美食。"

清川女士的手边还有很多在视觉上很讲究的信。人家知道她喜欢猫、喜爱花，有着猫咪或花朵插画或附带照片的信件也不少。

有一次，她收到了一封写着"敬赠您一个大大的苹果"的明信片，刚开始还搞不清楚是怎么一回事，结果定睛一看，在其中一枚邮票上，居然有一幅散发赤红光芒的苹果图样。这种充满玩心的信也是收在要珍藏的箱子里的。

清川女士："我会不时翻阅那些让人忘不了的信。打开从前老友或者已经去世的人写的信，每每读过那些文字，那个写信者的人品和他们的温柔性情立现，仿佛历历在目。这就是写信的好处啊！"

没有那么困难，把写信当作日常生活的一环就好

清川女士的住家设有信件专用柜，好几个抽屉紧紧地塞满了各种邮票、便笺及明信片等等。

她说："我都从那个柜子挑出明信片或便笺来写。善用零碎时间，要写多少就可以写多少喔！如果早上起来第一件事情就来写信，可以当作头脑的暖身操。下午边喝红茶边动笔的话，让人享受一种优雅的气氛。晚上睡前写信，可以放松心情，帮助睡眠。

写好的信放在玄关的鞋盒上，一个造型时尚的信插中。我知道附近的邮筒什么时候会有邮差来收件，收集满了几封了，接近收件的时刻，就会去附近行道树林立的人行道上散步，顺便投递。"

有事出门时，她会在提包里备放信夹，有时候也会在茶坊写信。

清川女士："我每封必写、不会省略的是：自己的地址、

玄关的鞋盒上头有着信
插，上面立着今天要送
去邮筒的邮件。清川女
士："我记得取件时间，
所以只要收集满了几
封，我就会去投递，也
顺便当作散步。"

清川女士："我就是没办法把我
所收到的信件丢掉，我都把这
些信件收在信件箱。过一阵子
再拾起翻读很有趣，而且，这
些信充分反映写信人的心意。"

出门在外要是有时间，就会写明信片。
清川女士的提包里收有信件套组。明信
片上已经贴有邮票。她说："我总是随
身带着在英国的文具店买到的酒红色皮
套，里面随时备有几张明信片。"

客厅里的信件专用柜里，塞满了
便笺、纸条、信封、卡片、风景
明信片和邮票等。随时可以提笔
写信的环境准备完善。

邮递区号、全名以及日期。

即使在旅行途中寄信，也会写上自己住家的地址。因为写地址，对方要回信的时候才方便哪！考虑之后留存的问题，日期加上年号标示更方便对方整理。然后，如果觉得自己写得不错，推荐也可以影印保留起来。一封充满心意的信，就是所谓的作品。按照年月日编排，也等于是某种日记或个人史。"

不写信的人，大多以字丑为借口。

清川女士："字只要整齐就好。把字好好写，字应该也会变漂亮。我想，好好写字的影响不会只有在字上面。能用整齐的字写信的人，也能过着有规律的生活。"

第4章

想到就立即行动，
找快乐去

做个懂得欢喜的人，
由心而发享受人生后半场的乐趣

二〇〇五年，当被问到"保持年轻的秘诀"时，八十四岁的清川女士如此回答："现在我非常重视外貌，相由心生，要是思考顽固，脸部线条便会僵硬，哀叹命运，则会使脸色阴沉或造成面无表情喔！"

半年间先后失去了丈夫和儿子的清川女士，当时下定决心，再也不要挂着一张哭泣的脸。要活，就要珍爱生活中的点点滴滴，拥抱生命中的每一天……

九十一岁，清川女士轻柔的笑容告诉人们，她一路贯彻她的决心到如今。

她说："年过五十，谁都会有不幸的事情降临。但别忘了生活中还是有很多好事情！如果不懂欢喜，就无法由心而发地享受人生后半场的乐趣啦！"

我们知道，不论处于哪个人生阶段，清川女士奉为圭臬的积极生活态度即是享受人生的终极哲学。

清川女士说道："'Take action！'（立即行动！）所谓'想到就去做'也是我的座右铭。我发现，为了让生活充满活力，实际上着手做些事情的想法和动力是很重要的。

我所尊敬的《徒然草》作者兼好法师也说：'今日即行。'就是说今天想到的事情要立即付诸行动的意思。不过，可惜有时候因为各种因素而不能付诸实施……"

清川女士自三十九岁开始从事自由作家的工作，五十三岁第一次到国外采访。而那也是她平生第一次出国。

她说："我当年出差去的是法国的巴黎和尼斯。没想到我学生时代花相当大的工夫学的英文，出了国居然无法顺利与外国人沟通，令我自己感到非常失望……"

想到就去做。付诸行动！

回国后，她马上正式开始学习英语会话练习。刚开始先上两年团体班，之后报名 Berlitz 语言中心，跟着老师从基础学起。

接受一对一指导三年，上了四百堂课，清川女士终于把英文学好。

清川女士说："开始在 Berlitz 语言中心上课不久，因为杂志采访了苏菲·罗兰，我对意大利人的她能够说一口如此漂亮又正统的英文感到非常惊讶！"

结束 Berlitz 语言中心的课程之后，她开始去老师住家接受个人家教指导。

清川女士："我每周上课一次，每次一个半小时。上课

从学英文开始至十二年后的六十五岁，清川女士第
一次的英国个人行。这张照片是六十八岁时照的，
第二次个人行，前往位于英国科茨沃尔德的克里堡，
那里是一个开满了花的仿佛童话故事般的村庄。

一趟旅行写一本。饭店预约和联络电话等等，不管是有
必要的备忘，旅途中认识的人的名字还是对话内容，无
意间听到的美丽词语，令人难忘的风景，都记录在这本
笔记本里面。

七十三岁时，清川女士还带着她的儿媳妇千惠子女士和她的孙女 Madoka 小姐去英国旅行。

不管是旅行的计划还是预约，清川女士全靠自己来。一旦决定要旅行，就一个人做老板兼员工，开了一人公司的清川旅行社，手写制作行程表。对需要独立的单人旅游而言，这些作业是不可或缺的。

二〇〇〇年，在第九次的个人旅行中认识
的贾斯琳。二〇〇二年再度相见时，贾斯
琳才刚做完乳腺癌手术。隔年，清川女士
为了参加贾斯琳的结婚典礼而前往英国。
八十二岁时，是她第十二次的个人旅行。

二〇〇五年，收到来自贾斯琳的信
件和照片。十月时，清川女士前往
英国。贾斯琳和她的家人也为再次
相见感到欢喜。清川女士："缘分在
不知不觉中来到，靠着联系，我们
的缘分变得更加深厚。我和贾斯琳
的友情，就是说明写信功效的最佳
范本。"

七十岁中期的一个人旅行。与在
火车里认识的乘客们一同合照，
大家也都端出自己拿手的笑容。
因为希望能够尽量增加和别人认
识的机会，打从第一次一个人旅
行开始，我就都选坐次等车。

八十二岁的夏天。英国的巴斯郊外，
摄于清川女士最喜欢的 Homewood
Park Hotel 的庭院中。

内容全程录音，回家后反复聆听。在家一切以听录音带为优先。为了配合录音带一面四十五分钟的长度，我调整做家事的时间，洗衣花四十五分钟，整理书架也花四十五分钟，做了一些努力。"

她的行动力以及对英语的热情，引领六十五岁以后的她单身去英国和法国旅行十五次。

清川女士："后来我中断了英语学习。丈夫与儿子相继去世，大约有半年的期间，我做什么都提不起劲儿。但是，为了要重新振作起来，首先我开始从事的活动就是学英文。其实，那个时候第一堂课的内容就是'Take action'哟！"

英文老师问清川女士说："Mrs. Kiyokawa，最近你开始做了些什么事啊？"

"我回答：'因为丈夫过世，我又开始学英文了。'我的回答得到了英文老师的赞美：'了不起！'"

除了英文课，只要有想看的电影、想去的店、想旅行的地方，清川女士会马上起身、Take action。就算天空下起了倾盆大雨也阻止不了她出门。

"托行动力的福，我看了相当多的电影，去了很多好玩儿的地方，提升了自己生活的幸福指数。把这个话拿到《万叶集》和《枕草子》的演讲会上去讲，继我之后，又多了好多'Take action 族'。"她笑着说。

清川女士有过人的行动力以及续航力，怀抱坚强意志和热情，以柔软的姿态开拓自己的世界。

想当然，这样的她令人钦羡，以她为人生楷模的女性必定不在少数。

在旅行中享受与陌生人交朋友的乐趣

对于四周友人的小小关心和好意，清川女士总是出自内心地表达欢喜，充满诚意地应对。因此，她的朋友大多贴心。看到清川女士，大家都乐于亲近。

在旅行途中也是一样。

六十五岁的时候，清川女士第一次展开她一个人的英国旅行。那之后，一直到八十四岁，总共累积十五次的英国个人旅行。远在英国之境，也交到许多知心的朋友。

清川女士去旅行，总是积极运用她精练的英文与人交谈。不管对象是一起坐火车的人、在饭店餐厅认识的人、饭店的员工、计程车司机或者进店里买东西的人……

清川女士："和许多未曾谋面的人相遇然后交谈的乐趣，

自家客厅的杯具展示柜。在英国旅行时买的茶杯
茶托组、最喜爱的猫咪系列产品还有泰迪熊排一
整列。每样东西都有当时入手时的回忆。

英国的饭店的铅笔，也有
旅行时的珍贵回忆。

二〇〇八年，波士顿之旅。

二〇〇一年，当时八十岁。是清川女士第十次的
个人旅行。在泽西岛上，全身四周围绕着一种粉
红色叫作海石竹 (Thrift) 的可爱花朵。

是旅行最好玩儿的地方喔！

　　既然都出来旅行了，不应该躲在硬壳里过度保护自己，应该和各色各样的人交流看看。这样子，一趟高级的心灵之旅才会启程。"

　　然后，回到日本之后，随着英文信寄出合照，对方温馨的回信，又会勾起一趟心之旅……其中也有第一次旅行时的相遇，到现在仍然不间断的友谊。

　　在英国科茨沃尔德的饭店工作的贾斯琳，是在清川女士第九次旅行相遇的。

　　她说："第二次再度与贾斯琳相见时，是她接受乳腺癌手术后。总算长长了一点的金发虽然看了让人心疼，能和生病期间陪伴身边的恋人结婚，我真为她高兴。"

　　与贾斯琳再度相见后的隔年，清川女士为了参加她的结婚典礼特地飞往英国。那之后再过两年，收到贾斯琳寄来的宝宝威廉的照片，清川女士前往英国旅行的情绪马上被唤起，调整行程，一个人的旅行又起程了。

　　从五十岁开始上英文课，到六十五岁起程开始一个人旅行。人生中的乐趣圈不断扩大延伸。

　　清川女士："虽然我学英文是如此，但无论什么事情，不管从几岁开始永远不嫌晚。就算五十几岁也好，六十几岁也没关系，您的人生，总是来得及。"

在每次的个人旅行中，重新整理人生观

第一次开始个人旅行的时候，清川女士的丈夫和英文老师都非常担心，大大反对。她被问说："那么大的行李箱，又那个年纪，一个人，自己要怎么搬呢？"

但是，天性乐天的清川女士觉得"船到桥头自然直"，提了行囊没多想就出发了。

她说："一般人以为，前往国外一个人旅行好像需要觉悟些什么才能办得到。为了畅快享受无悔人生，是不用到觉悟的地步，但是，有时候勇气和决心是必需的。"

现在是人人都能够在全世界展翅飞翔的时代。清川女士提议，在自己人生后半场的设计图中，何不让自己脱离日常生活，定期安排一些审视自我的旅行？

她说："基本上，我喜欢一个人旅行。就算一个人旅行的乐趣、不安和辛苦，而旅行的过程实在是够好玩儿。那种紧张感，对消除我身心的疲劳而言是最有效的。"

当然，手工自制的个人旅行也不是轻松的。从安排日

记录从以前到现在的旅行年表。清川女士把稿纸粘接起来，做成像书卷一样。标题为"妙的英国旅行年表"（英文进步的轨迹），稿纸上记载着年龄、目的地、发生过的重要事情。虽然每个旅行不过数行描述，却透露出无比的旅行乐趣。

九十岁。接受个人会话教学中的一景。从五十三岁开始学英文，快要四十年了。清川女士："最近比较不常用，英文好像退步了……"

子、找交通方式、到饭店预约都必须一个人搞定。

清川女士："出发的时候我必须为有点灰心的自己打气，可是等到回国时，我的身心已经非常放松，而且感觉清新。多亏了有心无旁骛的个人旅行，我的思考才得以变得更简单，对于人生中重要的事物，也看得更清楚了。我变得更加谦虚，变得更会向人真诚表达谢意。我好像经历过一场心灵沐浴，混沌都不见了，如获新生。"

同时，一个人的旅行也像人生的缩图。

清川女士："态度不可傲慢，遇到困难的时候寻求协助是很重要的。但是严禁太过依赖。旅行总是提醒我，在傲慢与依赖之间柔软的独立心，才是应该持有的态度。

另外，身在异地，人们的亲切总是特别令人感动。得到将我后半生变得更精彩的美好的朋友们，也是旅行的最棒之处。邀我去英国参加其结婚典礼的贾斯琳，也属于那些美好的朋友们之一。"

◎阅读《徒然草》内容，
　将带来无比的勇气与活力

兼好先生《徒然草》中的话语

感到迷惘和烦恼时，该如何面对那些不安的心情呢？镰仓时代末期，吉田兼好写的《徒然草》里，有着许多给我们力量的话语和教训。

人生并非事事如意

刹那的确悄无声息，
如果无法在流逝的光阴中意识出
上个瞬间与下个瞬间，
不久，大限将至。

● 把握"现在"这个时刻，将每分每秒好好活出来

　"'人生并非事事如意'，兼好先生如是说。即使本来打算今天动手做这件事情，却总会在意想不到的地方出现

急事；等的人不来，没在等的人却来了。每天都这样，一年当中还是这样，最后一生也是没有长进。若面临无法确定或无法预知的事物，务必沉着以对。以上等等。

没错，我也的确有同感。就算人生的设计图中计划着五十几岁要做这些事，六十几岁要做那些事，还是要先觉悟真能办得到的人不多这个事实。

即使一瞬间短得令人无法察觉，但假若不去意识光阴的流逝，则转眼大限将至。吹口气就灰飞雾散的瞬间片刻，谁也不会在意。但是累积所有的一瞬间，生命的尽头即将来到。

所谓'累积'这个话语，意义深远。时间不是只有单单流过，时间是靠自己攒存来的。那就是决定生命品质的关键。也就是说，要把一天的时间区分成数个，把那些时间过得好、过得有意义。"

清川女士行事，总是遵循兼好先生的教导。

她说："如果得到采访或演讲的机会，我想把那些时间都变成最棒的经验，如果有人拜托我撰稿，我也会想把文章写到最好。我要把每一瞬间都当作没有回程票的旅途，尽情享受，全力充实。

兼好先生是这样说的：'耄耋之龄命在旦夕犹仍疼子爱

孙，愿有天命能够看顾他们成功繁荣到将来。只见自己对人世的贪念日益加深，贪到连潇洒都不懂了，哀哉。'他说，担心孙子是否可以进名校，烦恼是否能够顺利找到工作或者结婚的人是傻瓜。呵呵，说到痛处了吧？兼好先生的教诲是，不用担心到孙子的前途。有时间去想那种无法确定的事情，不如想想该怎么好好善用那些时间。"

如果跳过人生的挑战时刻，就会留下遗憾

为何，当下此刻，付诸实施如此困难呢？

●找借口逃避拖延，时间就会在空白中流逝

清川女士："'珍惜光阴'这个思想贯穿《徒然草》全篇。兼好先生一直在不断强调'想到便立即行动，不要等待'。找各种理由推托逃避，这种时间的用法最浪费。关于拖延的话题，《徒然草》提过很多次。比如说以下的例子。

有人希望儿子去当和尚，要儿子学习佛法。于是，那个人的儿子说：'我没有轿子，也没有牛车，被叫去帮忙法事的时候，对方派我去接马，如果从马背上摔下来，不是

到现在，清川女士在进行古典讲座前，还是少不了下功夫做准备。《枕草子》的讲义上，贴了满满的便条。

这些就是清川女士最爱的文房用具。笔袋里的铅笔，每支都削得漂漂亮亮的。原稿是用铅笔写在稿纸上，写信是用爱用的万宝龙钢笔。墨水采用皇家蓝。

很凄惨吗？'既然这么说，首先就先让他学骑马。学得差不多了，接下来，儿子说：'法事结束后，聚餐要喝酒，不会唱歌助兴的话，请我去的坛主不是很失望吗？'这么想也对，就让他学唱当时流行的早歌^{译注}。这方面也学得不错的时候，没等到要学最重要的讲佛，他已经年老。

兼好先生倏的一声下了个利落的结论：'这不是只有在讲法师，世间之人皆为如此。'无论是谁，只要拖延事情必定落得此下场。他这么说，是不是很有趣呢？"

这是一段令清川女士难忘的往事。

她说："距今三十年前，我曾对在派对上认识的人说：'我正在开古典文学教室喔！'结果，那个人说：'那我一定要参加。'看起来好像很有兴趣的样子，但是最后还是没有来。之后，听说：'因为小孩已经上学，所以没时间去。'过几年，说因为孩子正在准备升学考，所以没时间去。又过几年，因为孩子上班了所以没时间去。我问：'孩子都已经上班了，怎么还会没时间呢？'对方回答：'因为早上要叫孩子起床。'一直到现在，那个人大概仍然在找理由，到头来什么事情都还没开始做吧！"

译注：早歌，是镰仓中期到室町时代流行在贵族、武士、僧侣之间的歌谣。开头无伴奏，以折扇打拍子，接着吹乐器"尺八"伴唱。

●我们不知道人什么时候会死，"现在"才是千金不换的重要时刻

同个段落当中，还有一则"想到就要马上行动"的登莲法师的故事。

在某个集会当中，众人对某句歌词[译注]产生疑问。听说只有在摄津的高僧才知道正确答案，在座的登莲法师马上站起来，说："谁有蓑衣和斗笠可以借我，我现在就要去请教答案。"

清川女士说："由于大雨中行动不便，众人劝他放晴再出发。但是，登莲法师当场回：'人的生命可会等雨天放晴？如果在等待中我死去，而高僧也逝去，不是连问都没办法问了吗？'不等雨天放晴，随着时间的流逝，人的生命也正在减耗，登莲法师留下了这么一句话就出发了。谁也猜不到人生何时结束，只有活着的当下才是千金不换、最重要的时刻。兼好先生用尽各种方式，拼了命地告诉我们要珍惜每个瞬间、每个刹那。"

译注：众人对歌词的疑问是，想知道"浅红褐色（朱砂色）的芒花"这句话的颜色部分，到底该怎么念才正确。

书架放在书房的书桌后面。下层排列日本国语大词典。画框里放的是清川女士的肖像画。

奈良女子高等师范学校时代的恩师，木枝老师手写的歌帖。清川女士："女子高等师范学校一年级的时候，老师说：'你唱歌好听，这个给你作为奖励吧！'于是写了一本我自创的短歌给我。这本歌帖是我的宝贝。"

死期不按顺序来。死亦非必定由前方迎面而来，而是从背后迫近。

●每天享受活着的喜悦

死期不按照先后顺序降临。死神不一定从正面袭击。稍不注意，死神就会从看不见的背后迫近……

清川女士："这句话实在是可怕又骇人。"

就在清川女士七十三岁的时候，她丈夫突然撒手人寰。

她说："那个早晨，我丈夫送前往演讲会的我到玄关。为了演讲会穿了新衣的我告诉他：'这件洋装是新的喔！我最近才买的。'我丈夫回：'喔。'接着摆出一副'又买啦'的表情，所以我说：'我也是需要治装的吧？'他说：'也对啦！'给了我一个大大的笑脸。那就是我们最后一次对话了。"

隔天，她的丈夫跟着旅行团去北信浓，因心脏衰竭而去世。清川女士："我当然明白《徒然草》这句诗句的意思。只是，直到面对我丈夫去世的冲击，我才真正实际感受到这句话。我有关于这段诗句的知识，但是当昨天还活生生地和我交谈的人，今天却变成冰冷身躯的时候，这种感觉就完全不同了。"

此时，清川女士的耳边仿佛响起兼好先生的声音："现在，你终于知道我在说什么了吧！"

清川女士："大家从来不觉得死神会找上自己，但是，自古以来没有谁能够逃过死神的手掌心。我丈夫死后的表情，和平常睡着没有太大差别。但是，和睡着完全不同的一点，在于当我触摸他脸的时候，那种冰冷的感觉。一般，活着的时候，我们摸到温热的身体，也不会特别感到高兴。可是，一旦实际感受过那种冰凉，人的皮肤所传递出来的温度，是多么的令人怀念呀！那之后，我对班上的学生说：'温热的皮肤是值得感恩的一件事，大家回到家，对丈夫说声谢谢，谢谢他为你活着。'"

清川女士又笑说："我是那么对大家说的，但是没有实际体验过的人，回家大概不会真的照做吧！"

无论少者，或者强者，死亡会在意想不到之际到来。能够躲避死亡生存至今，乃叫人感恩的不可思议之事。

感恩即是感谢，也就是难得领受的恩惠之意。清川女士："一直以来，我成功躲避死亡活到今日。这件事情本身，已经是难得的奇妙恩典。像这样，现在我喝茶感觉得到甘甜，可以和人面对面聊天，已经可以说有如奇迹一般了。"

正因此，兼好先生才会说："享受活着的每一天。"

人哪……与其憎惧死后，不如珍爱在世的时光。应该要能够感受活着的喜悦，享受过日子的乐趣才是。

如果死亡令人憎恨，那么请一定要爱惜生命。难道，不应该天天享受活着的喜悦吗？

清川女士："二〇一一年东日本大震灾就是一例。刚刚还在和对方交谈，一转眼就不在人世间了。正是因为如此，现在活着的人，必须要好好珍惜自己在人世间的性命。'不应该天天享受活着的喜悦吗？'这句话为反诘法。意思是说，怎么可以不开心过活呢？不！是绝对一定要好好把握人生。我也强烈地认为，应该要把人生当作单程旅途来享受、充实地过日子！"

我们家门边有个木制的大邮箱。期待信件到来是清川女士的乐趣。她说："每逢我们家改建，邮箱就越变越大。"

这是清川女士上古典文学讲座时爱用的手提袋。里面装有讲义、文具还有"江户文化历史检定"的资料等等。猫咪"阿伯"在玄关送行。

一个人的时间该如何自处

不知无所事事、哀叹孤独的人为何心情？

不受世俗纷扰，单独一人乃最美好。

●有嗜好的人一个人独处也不孤独

觉得一个人的时间无聊得不得了又难受的人，真不知道是以怎么样的心情在过日子的呢？不会被其他事情打扰，明明就是一个人才是最大的享受啊！

清川女士："这句话实在是说得太好，好到我想拍拍手。不会受到其他杂事打扰，那种纯粹又透明的时间，就是一个人才能拥有的啊！在我的那个时代，我是少见的独生女，已经习惯什么事情都自己做决定，自己行动。丈夫去世后，我一个人过了十八年的独居生活，深深地体会到诗中'就是单独一人才好'的境地。对我来说，因为写书是我的本职，所以我需要时间。现在我手边有六个课程，连载三本随笔。上课之前要充分复习，如果发现了什么新东西，就当作土产带去给班上的学生，心里觉得很期待很开心。"

清川女士告诉我，为了写随笔开发题材，她的脑子里也总是在想些什么，没有空闲的时候。她干脆地说："我没有时间发牢骚，也没有时间觉得寂寞。"

大部分的夫妻，总是有一方会先去世。

清川女士说："如果自己一旦被遗留在世间了，为了要过着快乐与充实的个人时间，你必须消除脑袋空空的时间。因为，拥有自己的嗜好，有些事情非做不可的人是坚强的。"

清川女士有着兼好先生这么一位好朋友。

她说："如果我有烦恼，就和兼好先生聊聊。他会了解我的状况，回答'有同感，的确如此'或者'嗯，那样不对吧'哈哈，虽然他不是我的恋爱对象，但还算是我的知己。"

第 5 章

因为被爱，人生更臻丰富

与相爱的人相遇，浪漫结婚

清川女士和丈夫的结婚过程其实是很浪漫的。这是一对深深相爱相知相惜的夫妻。两个人第一次相遇，是在昭和十八年。

比清川女士大三岁的丈夫，比清川女士晚来到同个高中教书。

清川女士："我依然清晰记得，他在雨天的操场上对我做介绍打招呼的情景。'虽然我不过是一介国语老师，但是我对文学的热爱绝对不会输给任何一个人……'

这句话听起来虽然有点装模作样，但是已经直达我的心底。我一边看着他的样子，一个不可思议的预感浮现。'我想，我一定会和这个人结婚。'"

虽然是说有结婚的预感，但是，清川女士是独生女，对方是独生子，这种条件下，在那个时代不能结婚是常识。

清川女士："有人来说媒，其实当时我也相了亲，几乎在考虑要和对方结婚了。但是，当时我读了英文学者厨川白村的《走出象牙塔》一书，于是想到，因为对方是独生子就不能和他结婚，不对呀！一股脑儿这么想的我，是不是没有真实面对自我。"

学校放寒假，这个要做清川女士丈夫的人回兵库老家。清川女士："我对父母亲说：'我要跟他说再见。'于是就前往兵库了。我和他在神户相见，两个人一起去奈良，在奈良公园牵手散步，那真的是非常开心的时光。"

那天，坐上要回山口县的火车的清川女士，在神户站就下了车。清川女士："结果，那晚留在他和他妈妈同住的家中。呵呵，当然只是住一晚而已喔！隔天回山口县，我决定要好好珍惜喜欢他的这份单纯的情感，所以我打了一份电报给他，请他来提亲。"

收到电报的他，马上飞奔到山口县。

疼爱女儿的父母亲，也认了这门亲事。

清川女士："我父母亲在意的不是人言世俗，而是真正站在我的立场为我着想。再加上，父亲总是叫我'火球般棘手的女孩'，女儿都这么决定了，他也拿我没办法吧！"

再怎么说，二十三岁的清川女士还是做了非常有勇气的决定。

清川女士："从小时候，我就读妈妈的《主妇之友》上吉屋信子之类的小说。大概从那个时候开始，这种恋爱观就在我的脑海里根深蒂固了吧！年幼的妙妙看起来小孩样，其实内在很早熟。我啊，还是很浪漫的咧！"

被夸奖代表被爱，而夸奖即是爱的表现

　　清川女士的母亲，在她的心中留下了鲜明的回忆。

　　十几岁的时候，准备奈良女子高等师范学校的入学考前，她坐在自家三块榻榻米大小的房间里的桌前用功。母亲在房间的一角，为了帮女儿补身体，一面在灶上摆锅炖煮热热的鸡汤，一面织衣补物。清川女士："有时候，我会朗读《平家物语》或《万叶集》。母亲不停歇地忙碌的双手，默默地听着我朗读。朗读结束，抬起头，她会好像很感动地说'念得很好'，以慈爱的声音夸奖我。

　　那个画面令我难忘。现在回想起来，我还是能够感受母亲当时打从心底对我的疼爱。我能够从母亲的话语当中感觉到她满溢的爱。另外，我觉得我爸爸，也是擅长爱人的专家。"

　　无论是独生女离家，前往奈良求学，或者拒绝了相亲对象，与独生子结婚，还是清川女士为了儿子，从故乡山口县举家搬迁到远地的千叶县，她的父亲总是最替她着想，总是为她加油。

　　清川女士："我想，结婚的时候，我父亲也是下了一番决心喔！虽然没有讲出来，心里应该有各种挣扎。但是，

结婚以后，父亲对我的丈夫非常好。我知道，我们全家搬到市川当时，父亲真的非常寂寞。可是他总是理解我最渴望的事物，体谅我，尊重我的决定。"

好几年前，清川女士参加了她当高中学校国文老师时的同学会。

她说："某个学生跟我说，以前我夸奖他背得很好，所以他把《古今和歌集》的歌都给背了起来。又有一个学生对我说，他记得我在发回来的作业的角落上，写了鼓励的话语。学生说：'我觉得那句话给了我一辈子的鼓励。'所有我教的学生，如今大家都已经有了丰富的人生经验，大家都超过六十多岁了。那些学生们还记得好几十年前我赞美他们，鼓舞了他们的人生。对我来说，没有什么比这些赞美更让我开心的了。"

此时在清川女士的脑海里浮现的话语，出自《枕草子》中的一节："问世间岂有比受人疼爱更美好之事？"

清川女士："意思是说，还有什么比被爱还要美好的事情呢？我认为，被夸奖就是被爱。接着，感觉被爱的同时，也会让那个人的人生更加丰富多彩。

另外，就像我的母亲一样，用夸奖人来爱人。要是给人的赞美并非客套话，而是出自内心，那么，那个人同样也能被爱，不是吗？"

三十岁左右的清川女士。她
和丈夫的结婚过程相当浪漫，
是一对心灵相通的夫妇。清
川女士："我们的婚姻生活好
像学生的集中训练营，两个
人总是排排站一起洗碗。"

夫妻两人总是并肩坐在一起看电视。清
川女士："我们都叫这张座椅为情人座。"
现在虽然一个人生活，但还是坐在同一
张椅子上看电视。

六十几岁，当时和女儿及孙女的合照。清
川女士："这是我孙女上小学时照的。大
家为我庆祝母亲节。"

她和名叫阿伯的猫咪坐
在客厅的沙发上。清川
女士："我都看机智问
答节目，或韩国的历史
剧《大长今》。"

母亲情感丰富且幽默不造作的信永远触人心弦

　　清川女士手边保存着一封珍贵的信。那封信的信封是简简单单的纯白色，上面写着："给清川妙小姐"。

　　清川女士："我母亲常常写信。她因为治疗脑中风而住院，从山口县的医院也写了很多封家书。这封信的邮戳日期是昭和五十四年，当时母亲八十三岁。她写下这封信之后不久就去世了，所以这是她最后寄的一封信。"

　　打开信纸，清川女士以平稳的声调拣选几句读出。"我精神很好喔！""今天，谢谢你给我这么多的心意好礼，我真的感到很高兴。""马上把这个茶泡来喝吧。好好喝，好好喝唷！我打心底品尝了这杯茶。感谢你！""人家说万两宝藏，不如千金宝贝来得好。而这个礼物，就是我的千金宝贝送我的。你不知道我有多高兴啊！""孩子这帖药最有效。""我可是没有烦恼的。我总是乐观开朗，还有很多梦想等着我去完成。"

　　母亲写信给远住他方的女儿，在八十三岁高龄时中风住院，还说她有许多梦想要完成。

　　清川女士："虽然因为白内障的关系，字写得有点凌乱。但是文内一个字都没有抱怨，现在想来，实在是非常好的一封信。我妈妈从高等小学校毕业以后，只有上过裁缝学校。她是个相当普通的妇女。但是，该怎么说呢……反倒就是因为如此，那封信写得自然不造作，有点幽默又有些风趣。尽是让人难以忘怀的文章段落。我妈妈也动不动常常叮咛我说：'你要常写信。'"

清川女士写有很多关于写信方法的书籍，也开很多关于写信方法的函授课程。

也许是潜移默化之中，清川女士从母亲身上学到了写信该有的心态。

清川女士也将这种写信该有的心态，传授给儿女孙辈。她曾与女儿合著关于写信方法的书籍，并且实践在与住在远方的孙女书信往返之中。

不知道何时会告别这个世界，所以应珍惜当下

清川一家因为曾任警察署长的父亲要调职的关系，常常要搬家。

清川女士："我猜妈妈一定看了很多人们离别时的反应，有的人交情虽然不是很深，但却很贴心。可是，说不定也有些人虽然交情还不错，离别的时候反而表现得很冷淡。

人到离别的时候，给人看的是真心呀。我想，我妈妈也许深深体会到了这一点。"

清川女士平生第一次写的信，也和离别有关。

她说："那封是因为转学的关系而要和学校老师道别的谢函。我妈妈说：'人与人的离别是很重要的时刻。你要写谢函喔！'这应该是经历过许多次离别而给的建议吧！

多亏写这封信，老师才会招待我去家里住，这样我才能拥有这段难忘的经验。这个经验让我了解写信可以联系缘分，母亲告诉我'人和人离别的时刻是很重要的'，这一席话也深深地刻印在心底了。"

岁月增长，现在她自己已经明白"即使是站在我眼前的人，随时都可能和我说再见。"

清川女士："所以，好好地珍惜此刻吧！与人相处必须用心再用心，现在，我每天都这么想着。"

母亲仿佛怀抱幼儿般地，拥抱十九岁的我

从小，清川女士的父母就叫她"妙妙"，慈爱地抚养她长大，他们为她优异的成绩感到高兴，也全力支持她想要考前段学校的志向。

清川女士考上奈良女子高等师范学校的时候，她的父母为她欢欣，让她入学。

清川女士："我们家绝对不属于富裕的家庭，家境普通，他们省吃俭用地让我去了奈良。放假回到家，妈妈会打开已经旧了的蚊帐，洗一洗，修补好。到现在那个光景还深刻地停留在我脑海中。但是，我温柔的妈妈从来没有说出'我可是为了你在节省'那种话。"

为了回报父母的一番用心，清川女士用功读书。可是，三年级的时候因为罹患了相当初期的肺门淋巴结病，她回到山口接受治疗。治疗后以为已经痊愈，和母亲一起回到了奈良。没想到，收到血液检查的数据报告时，被校医告知'请再度返乡继续接受治疗'。那一夜，她和母亲一起在奈良学校宿舍的床上谈了很多。

清川女士："我哭道：'我以为我病已经好了，要是好不起来的话我可能变成要休学。'于是，我妈妈在床上抱着我说：'你永远都是我的心肝宝贝，不要哭。我知道你一定会好起来的。不要哭。'因为那个时候我大概十九岁左右，觉得很害羞不好意思。但是又觉得很高兴。妈妈抱着我的温暖，让我知道所谓母亲的存在，我用身体记忆了当时的温度和感触。"

很幸运，他们在大阪找到名医为清川女士看诊，最后终于获得痊愈。当时那种不安，绝对是她这辈子不想再度体验的心情。但是，那个被妈妈像娃娃一样地怀抱着的感受，的确是她被爱过的记忆，成为了她生命中的永恒。

母亲说的话，深刻影响我一生

结束学业，从事教职，清川女士婚后喜获两子。如同她的母亲，清川女士也慈爱地教养她的孩子。变成祖母的母亲，帮忙参与养儿育女的工作，用温暖的话语支持她最爱的女儿。

清川女士："对于耳朵听不到的一史，我妈妈说：'你不可以因为他的残疾，就让他放弃人生喔！'虽然说一史耳朵不好，但也是具有吸收学习各样事物的能力的。因此，我才想：与其悲叹他的残障，不如帮助他，将他先天所拥有的能力发挥到极限。就像我的母亲对我的支持，我也支持我儿他本人的斗志。"

长大后的一史先生成为教师，拥有自己的家庭，于公于私都开始过着充实的人生。在城址的研究方面，也有不错的成果。清川女士自己，则在三十九岁时展开了她的作家生涯，越来越活跃于写作业界。正当一切都非常顺利的时候……

清川女士："但是，人生给尝的不是只有甜头。"

七十三岁的时候，最爱的丈夫在外出旅行中突然去世。隔年三月，清川女士得了癌症。手术切除了三分之二的胃。同年四月，四十九岁的一史先生也因胰脏癌而去世。

清川女士："童年时代，我母亲说：'笨孩子才会一直哭，聪明的孩子，就算哭了也会一下子就把眼泪收起来喔！'呵呵，被这么一说，小孩就会觉得不可以哭个不停。一直到长大成人，我还是会常常想起这句话。丈夫和儿子离世的时候，我也会在哭过之后，马上告诉自己停止哭泣，擦干眼泪，想想明天的事情。所谓"一下子就把眼泪收起来"，指的就是让自己心境化转开朗。"

清川女士心有所感地说："我妈妈说的话语，不像伟人的格言那样伟大。而那些从胼手胝足打拼的生活当中淬炼出来的，不过是说给自己听的内心话。大概也就是因为这样，这些话语更能打动人心，也更让人难以忘怀。"

过去，清川女士的母亲因为脑中风而住院。工作当中，只要她能抽出时间，就会从千叶县出发赶往山口县探病。来到病房门口，首先映入眼帘的是，躺在病床上一脸寂寞的母亲。但是，一旦母亲察觉清川女士来了，脸色马上泛起玫瑰色的红润血气，说道："孩子药来了。"

清川女士："我妈妈嘴边常说'孩子药'这个词语。意思就是说，小孩给予活下去的力量之意。但是，其实我才是得到很多'妈妈药'的一方。"

如果可以，现在，想和妈妈说些什么话呢？

清川女士："我会对妈妈说谢谢。谢谢妈妈用心地栽培养育我长大。从您身上，我得到了许多'妈妈药'。因为妈妈，我才能努力地活到今天。而今后，我也会继续勇敢地活下去。"

丈夫的最后一句话，让我积极面对后半生

距离最爱的丈夫去世，已经过去了十八年。

清川女士："一九九四年十月底的时候，我丈夫在奥信浓的旅馆的露天温泉泡澡赏枫，引起心脏衰竭就那样走了。那时他是七十六岁。"

事发前一天，清川女士因为在诹访安排了一场演讲，所以未能同行。

清川女士："隔天回家，我接到了从信州打来的电话，他们说我丈夫失去意识。当时，我以为是可以恢复的状况。我想说，在那边相见以后，他还会像平常一样对我挥挥手

说声'嗨'。当时的我完全没有理解到死亡的可能性。"

赶到奥信浓的时候，她看见丈夫沉睡着一如往常。

清川女士："我以前常常会趁丈夫还在睡觉的早晨出门散步。回来的时候，见我丈夫还在睡，我会开玩笑地对他说：'你还活着吗？'然后，他就会回答：'死了。'死去了的他，看起来还是睡着的样子。当时的我很想跟他说，'你别再闹啦'。"

没想到，死亡就这样悄然无声地融入我们的日常生活当中。

清川女士："'没有那回事，我不相信！'一种抗拒现实的情绪强烈地向我袭来。回家的路上，在车上的我看起来反倒相当冷静，现在回想起来，当时的我应该处于失神状态。

至于葬礼的安排，虽然我们两个没有正式地谈妥。但是，按照丈夫平常说的话：'自然而然地，在不知不觉中消失就很感恩。'所以，我们决定办个只要身边较亲近的家人出席，一起聊聊故人的丧礼。

在自家，我和儿子夫妻、女儿夫妻及孙子，还有非常亲近的几位亲戚朋友，总共十三人办了一场丧礼。我们还为喜欢在山间散步的丈夫，装饰了一片波斯菊花海。"

讣闻则是等过年之后，以冬季问候的方式再寄发。

小学四年级的清川女士和她母亲。清川女士："我妈妈的身材娇小，总是身着朴素的和服。她开朗又乐观，但是个性比较矜持。很多人看了这张照片，都跟我说'你母亲大人真美丽'，但是，我常被人家说像我父亲。"这张照片是为了纪念清川女士得到优秀奖，拜托照相馆照的。清川女士的右手拿着奖状。

近四十岁的时候。清川女士三十一岁时，举家搬迁到千叶县市川市。清川女士："我妈妈总是非常关心我们家的状况，常常从山口县过来千叶县探望我们。"

这些大盘子是母亲给的。清川女士："我妈妈都用这两个大盘子招呼客人。我还记得盘子上摆河豚的生鱼片，透过薄片，盘子花样显现出来的美丽景象。"

自家客厅的一角，摆饰着丈夫、儿子、亲朋好友以及去世的人的照片。清川女士："看着照片，感觉他们好像和我一起活着呢！"

清川女士："'妈妈实在很了不起，做到了一般人做不到的坚强。'这么夸奖我的儿子罹患了末期的胰脏癌，半年后跟着去世。我自己也接受了大手术，切除了三分之二的胃，于四月十日出院。返家十天后，我儿子就去世了。

我对丈夫死后两个月间的记忆感到很模糊，浮现的只有自己像条影子般沉落在沙发上的样子。住在附近不远处的女儿，常常送便当来看我。"

当时，是工作救了悲伤的清川女士。

她说："除了撰稿，我还有每个月的随笔，并且同时主持古典文学讲座，忙得没时间多想，所以才能振作精神。"

丈夫过世后，她一直维持独居。

清川女士："早上起床，我就对着我丈夫的相片说：'亲爱的，我今天也还活着。如果一样要活着，我会尽力活得开朗，尽量活得开心。'

在丈夫去世十天前，我们有过这么一段对话。我问他：'如果你死了，我怎么办？'结果他给了我这么一个回答：'你没有问题的！很多朋友会帮助你，你会活得健康、长寿又有活力。'

虽然只是一段偶然的对话，我就把这当作丈夫给我的遗言。感谢这句对话，我才能以积极的态度活下去。"

把与所爱之人的回忆，
化为脑海中永恒的影像

母亲或丈夫等最爱的人过世给我带来的失落感，实在难以消除。"但是，我总有一天是要克服的。关于对故人的思念，兼好先生在《徒然草》里这么写道：

虽经年月，吾丝毫不忘故人，唯故人之身影日渐稀薄。

意思是说，即使岁月推移，我也不曾忘却。但是随着时间过去，故人的身影越离越远。不知为何，悲伤的感受不如当初过世时那般沉痛，现在我们甚至会说些不正经的话来笑闹。这个就是时间之药。"

这篇文章接着这样写道："回忆怀念故人的人还在世的话是没关系，但是那些人不久后也将死去。"

清川女士："我会想起我丈夫在世时候的种种，但是我想到了孙辈或曾孙辈，他们已经不会有关于祖父或曾祖父的回忆了。只要有人想起，故人就会活在那些回忆当中。拥有许多美好的记忆，真的是一件很幸福的事。"

另外，清川女士最喜欢的回忆是这一幕："有一天，我在银座的洋货店的展示窗前，看到一件漂亮的毛衣。虽然我很想要那件毛衣，但是因为价格太过昂贵而作罢。那之后，再经过橱窗时里头还挂有那件毛衣。因此，回到家我就跟丈夫说了这件事。

听完，我丈夫丢下一句'我现在去买给你！'就出门了。等到我觉得他应该差不多要回来的时候，走出家门，只见我丈夫出现在家附近的人行道樱花树对面，他说：'好可惜，已经卖光光啰！'但是仔细一瞧，我丈夫身上的毛衣胸部部分蓬蓬松松的。'你骗人！'我伸手摸摸他毛衣，手上有柔软的触感。他这才从怀里掏出来说：'我给你买回来啦！'"

这一切，仿佛是电影里的一幕……

清川女士："我丈夫出现在整排樱花树街道对面。对我而言，这是毕生最美的场景。我常常从回忆中抽取这个场景来反刍。"

第6章

不管活到几岁，
成长永不止息

持续地让"身、心、脑"保持在最佳状态

二〇一二年，过了一个高温破纪录的炎热夏天，接着又遇上了一个"秋老虎"，我们见到的清川女士姿态挺拔，没有中暑也完全不显疲态，看起来时尚、俏丽得很。

一问之下，她这个星期连续六天都要出门工作，而且今天是第四天。连日工作满档的她，笑容不断，充满幽默的话语也一如往常。

清川女士："文化中心的脱口秀，加上古典文学教室，又排上我定期接受看诊的医院约诊，采访的话……则是今天。

再怎么说，这行程也太过操劳了，所以，我中午一个人跑去常去的饭店吃美味的盖饭了。要是累了的话，我会补充营养丰富的东西。这点很重要。为了维持身体的健康，一定要吃得好。"

无论在清川女士的住家附近、教室，位于御茶水她定期就诊的医院，或者文化中心所在的新宿，这几个常去的地方，都有她多年来固定前往消费的店家。清川女士叫这些地方为"关键补给站"。

清川女士："我的'关键补给站'可是分布四处。这些地方几乎快要变成我的御用厨房啦！有食品材料，还有青菜。虽然价格稍微贵一点，但是位于日本桥的高岛屋百货里面的'日本桥青果'是我三十年来买惯的店家，这里的蔬果，比任何一个地方都要来得新鲜喔！"

　　她的早餐中，一直都会有大量的蔬菜，包括沙拉、面包和红茶。清川女士："为了让每天过得饱满有精神，我们必须去维持自己的身体、保养自己的脑袋、照顾自己的心灵。自己充分管理好身、心、脑这三点，是很重要的。"

不管到几岁，头脑和身体都是可以锻炼的

　　从孩提时代就非常喜爱读书的"妙妙"，到现在也不断精进学习。古典文学讲座已经开办了好几年，她从来少不了课前预习与课后复习。

　　要是清川女士有了什么新发现，她会兴奋地与同学们分享，也能以柔软的心态接受新的学说。要是她心中有了共鸣，就会马上与该学者联络，表达她的感动。在为杂志社提供以古典文学《万叶集》为主题的连载随笔时，为了

撰稿，她也可以花上好几个小时找资料。

清川女士："听说脑细胞越锻炼，就增加得越多，不管活到几岁，都要训练头脑和身体，常常使之柔软地流动，才是我预防老化的秘诀。所谓'人要活到老学到老'就是这么一回事。"

对于学习，清川女士最喜欢的兼好先生是这样想的。

最初开始学习的时候，都是学不好的。觉得被人家知道或者看到我们技巧不熟练，是很丢脸的事情。因而，有的人私底下会偷偷练习，让自己的技术精进，令他人刮目相看。可是，那么做的话连一个完整的技能都学不到。若是身为初学者也和已经做得很上手的人一起接受挑战，不在乎他人的评判，努力学习的话，这样的人就算没有天分，最终也一定会成功。

清川女士："兼好先生一口咬定私底下练习也'终将未能学得一艺'，他说这话的表情仿佛历历在目。即使如此，刚开始学东西的时候，虽然还没学成，也愿意在人前展现，敢向他人声明，可以说是个好主意。"

现在清川女士正在接受的新挑战，就是江户文化历史检定考。

她在二〇〇九年，八十八岁当年第一次报考。当然，她在考前向周边的人这么宣言："今天，既然我已经把报考的事情说出来，代表我绝对不想落榜。考二级和三级的时候，要合格还蛮轻松的。但是，一级是真的很困难了。不论是在坐电车时，在餐厅等餐时，还是睡前几分钟，只要有时间我都用在读书上了。结果还是不能突破准一级，差几分就通过了。不用说，今年我仍然会报考！"

距离检定考还有一个多月。清川女士在装着古典文学讲座讲义的提袋当中，藏有应试用的讲义。拿出那些讲义，可见上面密密麻麻地写满了笔记。

而且，那些历史考题的内容又都是一些钻牛角尖的细节。

清川女士："和我一起读书的朋友做给我这些原创讲义。很专精吧？说不定江户文化历史检定考比升学考还难喔！没办法，为了要保持良好的记忆力，就像去健身房健身一样，头脑也是必须要经常训练的。"

清川女士口口声声说辛苦，却还是一脸开心。

她说："我儿子是研究历史的，在家，我会拿他以前读的书来准备考试。我儿子把重要的地方画出来，读那些重点就像我儿子伴随在侧，教我读书。"

这些讲义是一起准备江户文化历史检定考
的同学们帮忙整理的。清川女士说："我
们是学友。"讲义上塞满了密密麻麻的字，
她随身带着讲义一有空闲时间就读。

清川女士："历史课本上有我已经过世
的儿子当时所画的重点，我用这本书
来准备江户文化历史检定考。"

二〇〇九年，清川女士第一次参加江户文化历史检定考。她受表扬为当年最年长的及格者之后，二〇一〇年以及二〇一一年也连续受到表扬。她说："去年考上一级的人对我说：'因为去年检定考没通过，本来今年想放弃，但是看到清川女士这么认真在努力，我想今年还是再努力看看吧！'所以我也还在努力当中。"

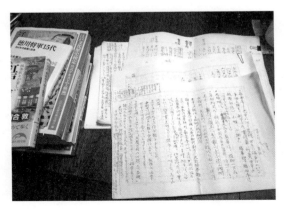

就像升学考一样，由于江户文化历史检定的考题含有非常多细节，所以清川女士把参考书的内容誊写到笔记本里精读。

谦虚而认真地持之以恒，就是通往成功的道路

清川女士问："说到这儿，您可知道专家和行家差别在哪里？"

她接着这么说："兼好先生是这么解释的。"

无论何道，专家即使身无过人之能力，与能力过人的非专家相比，必将胜出。

其胜乃在于，心专神注、谨慎且不大意，与全然自由之不同。

就算功夫不如人，结果专家也一定会胜过拥有一身好功夫的行家。为什么呢？因为专家绝对不会粗心大意，总是会非常小心地注意每个细节，不会随便敷衍了事。行家因为不需负责任而得以自由发挥，较为放松，按照自己喜好行事。

清川女士说，从这点就决定了输赢："拥有自己的兴趣或工作是一件非常重要的事情。只不过我觉得，学知识、习手艺一定要认真，打从一开始就该立志成为专家。兼好先生非常严肃地警告我们，不可以用半吊子的心态处世。

我们应该活到老学到老，持续地追求进步。不论与生俱来的才能，只要一股劲，谦虚而认真地将一件事坚持下去。不管今天在哪个领域，坚持就是通往成功的道路。而且，这种人拥有的是一颗不老心。"

拥有一颗接收感动的心，培养记录的习惯

为了保持年轻活力，一定要锻炼自己的头脑和心灵感受力。很多人虽然知道锻炼心智的重要性，却不知道该怎么做。

清川女士："试试看年轻的时候想做的事情，重新开始过去曾经喜欢做，却中途放弃了的事情也是很棒的喔！"

清川女士建议缺乏灵感的人"多写作"。

她说："要是日常生活中发生了感动我们心灵的事物，停下脚步，仔细观察。然后，深刻地咀嚼那份感动，加以思考做成具体的文章，就是所谓的'写作'。

也就是说，写作即为感受，等于思考。去感觉、去思虑，如此便能够深入自己的内心，了解自我。只要动笔写一些东西，就可以磨炼自己的感受力，训练自己的思考力，

让自己日渐成长茁壮。只要持续写作，脑袋就不会长皱纹，对我来说，这真是令人开心的好消息。"

因为不习惯，有些人也许会对写作感到麻烦。

清川女士："就是麻烦，我们才要去做啊！那些看起来生气蓬勃、春风满面的人，平常就懂得去体会及思考。所谓表情，意思就是把感情表现出来。若情消感灭，表情也会不见踪影。

尽管年龄增长，我们永远不能失去好奇心，要保持感受力的敏锐度，对小事小物也要能动心动情。并且，最好能在活络的思虑当中，养成在日常生活中写一些信或日记，记录一些事情的习惯。为能耕耘感动的心，为求活出活跃的人生，希望大家一定要持之以恒。"

让自己能够永远保持在 "成长阶段" 的四个方法

*平常就要维持五种感官的清澄透彻，磨炼感受力

想要在日常生活中找快乐，就要培养丰富的感受力。但是，岁月增长总是衰减我们五种感官的敏锐度。

"因此，要有意识地去感觉，要用自己的心主动停看

听。有一次，我下了御茶水车站，步行前往山上的饭店。那条路，我已经走了十几年。行道路上立着好几棵悬铃木树，说真的，那些树干的纹路蛮有趣的。

居然还呈现出了一点迷彩状呢！所以在那之后，只要我经过同一条路，出门时就会想：'嗯，今天也来注意看看。'实际上，定睛观察眼前的悬铃木树就会发现，这些树看起来好像穿上迷彩军裤一样。呵呵，是不是非常有趣呢？'不知道这边的树怎么样？''那么，这棵树呢？'一棵又一棵地勘查下去，发现有的迷彩很清晰，有的则模糊不清。之所以会有这些发现，都是因为我平常尽力维持自己感受性的透明度，万事留心体会。"

＊为了要抓住机会的刘海^{译注}，努力充实知识

四十五岁左右，有一天，清川女士受到女儿小学的导护妈妈们要求："我们想要学一些东西，有没有什么可以教授的课程啊？"

译注：抓住机会的刘海，这句话来自谚语"机会之神只有刘海"，其源来自希腊神话中的机会之神波洛斯。波洛斯是一个有长长的刘海，但后脑勺光秃秃，脚上还长着翅膀的美少年。意思是说，机会是不再的。机会来临时要把握先机，否则事后追赶就来不及了。

清川女士："我想这也是一个好机会，于是，就提议'让我们一起读《万叶集》吧！'我非常喜欢《万叶集》。我学生时代最尊敬的恩师，木枝老师告诉我：'《万叶集》很棒喔！就算一天只读一首也没关系，读下去吧！'所以，这件事情一直放在我的心上。

　　很快，我们大家一起阅读、分享了一首又一首。进行到了第十七卷的时候，妇女杂志拜托我提供以《万叶集》为主题的连载随笔，读到接近第二十卷的时候，另外一个出版社邀写单行本《清川妙的万叶集》。

　　因为努力不懈地一路读过来，我才能接到这两份工作。机会的刘海果然只给有准备的人抓住，这句话是真的耶！"

　　为自己储蓄的知识，将会成为开拓自己世界的机会。妈妈们的读书会发展扩张为在饭店举办的古典文学讲座以及在社区文化中心举行的课程。

　　清川女士："我不会拿过去曾经在课堂上用过的讲义去上课，每次我都尽可能多看最新的资料，做了百分之两百的准备才会上阵。所谓教学相长，就是如此。"

　　说到这个，当初开办读书会的时候，清川女士就公布了三个约定。

　　①一定要遵守时间。②不可道人长短。③读到最后一

行一字。

由以上这三点，可见清川女士处事认真的态度。

＊"都怪上了年纪"这句话绝对禁止说出口。不要受年龄拘束

清川女士说："不可以把年纪当作借口喔！我从来觉得，没有什么事情是必须在几岁做的，或者是几岁时不可以做的。"她笑说，"哪有什么五十几岁，我感觉自己的心态还是和女学生一样呢。"

五十几岁开始学英文的时候，清川女士也从来没有"都已经这个年纪了"这种犹豫。

她说："上了三年的英文课之后，当时在电车上看到车厢广告，上面写着：'你有英检二级的资格吗？英检资格让找工作无往不利！'"她笑说，"虽然我没有找工作的打算，但是我马上就决定要报考看看了。"

之后，她通过了英检二级的考试。

清川女士："虽然一边进行《万叶集》的读书会，又一边读英文很辛苦，但是也很开心。提着装有讲义的包包，踏着轻快的步伐去上课。那时候我觉得：'我可是女学生呢！'其实到现在，我还是觉得自己是女学生喔！"

＊谁都会有痛苦、疲惫的时刻。想办法鼓励自己

就在失去挚爱的丈夫后一个月左右，女儿茉莉子女士遇到伫立于公车站牌旁的清川女士。于是，她女儿开口鼓励："你低着头，看起来像个落寞的老奶奶。这样不行啦！你要是一直这样下去，形象会被固定喔！你应该擦一些比较浓色的口红清楚描绘唇形，让嘴角上扬有精神。"

清川女士："女儿就是身为女儿才会给那样的建议。我由衷感谢，并且听我女儿的话为自己加油打气。之后有一天，我突然想起在英国报纸上读到的一篇报道。"

报道内容写的是英国一名九十岁的女秘书的故事。在她自己的心里，住着另外一个自己。每次难过时，心里面住的那个自己就会对自己说：'嘿！打起精神''加油'。

"一想起这个报道，我马上在自己身边添了一个幻想中的照顾者。然后，每当我心情低落时，那个照顾者就会对我说：'虽然才睡四个小时，因为你的睡眠品质良好，这样也是没关系的。你可以把工作做好的。'如此一来便能客观地审视自己，知道自己接下来该做什么事情，是个不错的好方法喔！"

| 后记 |

　　《91 岁越活越年轻》主妇之友以如此活力四射的书名为我出版书籍，让我感动万千，感谢万分。

　　这本书是根据以下三种内容所编写的。

　　＊我在主妇之友出版社的《悠悠》杂志里发表过，与古典文学相关之生活哲学方面的随笔内容。

　　＊过去十年间，撷取于《悠悠》对我的访谈中说过的话所构成的文章。

　　＊为了编辑这本书专程进行的新的访谈内容。

　　至于照片，主要还是过去十年内在《悠悠》刊登过的，再加上一些为这本书所照的照片。

　　因为访问的内容相当多元，所以干脆就请出版社从我童年时期、少女时期、结婚以后的育儿时期、当老师的时期，还有最近一个人生活的照片里面找。结果请出版社给我看校对印刷版时，忽然发现这本书的铺陈居然给人一种类似自传的感觉。

　　希望读者朋友们读这本书的时候，能够感觉到好像来到了我家，我们促膝长谈，听我诉说一路怎么走来，接下来的人生该何去何从。

今天，我自己重新读一遍这本书，强烈感觉到的是，我全心全意努力地生活，开始写作之后也全神贯注于工作，过着坚持把工作做到最好的每一天。

日积月累，活到九十一岁的我，终于拥有了可以叫作智慧财产的内在，我切身感觉到这实在是一件非常幸福的事情。

有自己的工作真好。我喜欢自己的工作，诚实地面对困难、努力不懈。我真的这么觉得。扪心自问，我可以深深地点头称是，我真的这么想。

另外，和我在这长长的人生道路上相逢，那些各形各色的有缘人，对于他们给了我的许多帮助，我感动得无以复加。

主妇之友出版社为我出了一本类似传记的书，也不得不让人感觉到我们缘分之深厚。在我三十六岁时，请我将听障的儿子的事情写成手记的，也是主妇之友出版社。我祭出浑身解数，完成了长篇《听不见的芦苇》。

没想到，那成为我之后走上写作之路的契机。五十多年来，我丝毫不停歇地持续写作。最后，这本书就这样写成了。

未来，希望我对自己身体、心灵和头脑的保养工作仍然持续不懈，永远健康，一直工作下去。

要是这本书可以触动读者的心弦，让大家产生同感，我的建议能够进而获得采用的话，将会是我最大的幸福。在这里，我真心祈愿着这个幸福能够获得实现。

二〇一二年十一月

清川妙

 扫码加入熟年优雅·幸福魔法交流圈
分享你或者父母召唤幸福笑容的魔法
有机会成为熟年优雅·幸福魔法的主角

（京）新登字083号

图书在版编目（CIP）数据

91岁越活越年轻 /（日）清川妙著； 黄钰乔译. —
北京：中国青年出版社，2017.12
 ISBN 978-7-5153-5004-2

Ⅰ.①9… Ⅱ.①清… ②黄… Ⅲ.①老年人—生活方
式—通俗读物 Ⅳ.① C913.6-49

中国版本图书馆 CIP 数据核字（2017）第 293650 号

北京市版权局著作权合同登记　图字：　01-2017-4375
KIYOKAWATAE 91SAI SODACHIZAKARI
©Tae Kiyokawa 2012
Originally published in Japan in 2012 by SHUFUNOTOMO CO.,LTD.
Translation rights arranged with Shufunotomo Co., Ltd.
through Future View Technology Ltd.

本书中文译稿由太雅出版有限公司授权，同意经由中国青年出版社出版
中文简体字版本，非经书面同意，不得以任何形式任意重制、转载。

中国青年出版社　出版发行

社　　　　址：北京东四12条 21号
邮 政 编 码：100708
网　　　　址：http://www.cyp.com.cn
责 任 编 辑：刘霜Liushuangcyp@163.com
编辑部电话：(010) 57350508
发行部电话：(010) 57350370
北京科信印刷有限公司印刷　新华书店经销

870×1240　1/32　5印张　2插页　200 千字
2017年12月北京第1版　2017年12月第1次印刷
定　　价：36.00元

本图书如有任何印装质量问题，请与出版部联系调换
联系电话：(010) 57350337